Werner Radasewsky Borges da Silva

# STADT STRAND FLUSS

## BERLIN AM WASSER ERLEBEN

## Die Spree



## Der Landwehrkanal

## Der Teltowkanal



## Die Panke



## Die Havel

## Der Tegeler See



## Mehr Berliner Seen

Kleine Auszeit im Tiergarten

Insel der Jugend im Treptower Park

# Stadt Strand Fluss

Ein kurzer Blick auf den Stadtplan zeigt viele blaue Flächen: Berlins Seen, Flüsse und Kanäle, Teiche, Pfuhle und Gräben. Dass die alle auch live immer so schön und einladend leuchten, ist natürlich ein Trugschluss. Ein Bad in der Spree wäre nicht anzuraten und ist sowieso verboten. Aber das ist nicht entscheidend. Bade- und Schwimmgelegenheiten gibt es schließlich genug, naturnahe wie Schwimmbäder.

Vielmehr wandeln sich wassernahe Spaziergänge oft zu erstaunlichen Entdeckungstouren. Man sollte die Blicke schweifen lassen: Das führt durchaus zur Erkenntnis! Dass die Stadt nämlich, die man ganz gut zu kennen glaubt, mit völlig ungewohnten Perspektiven überrascht.

Das gilt für Einheimische, die ihre zwei, drei Kieze in- und auswendig kennen und ansonsten das riesige Gemeinwesen eher als gemein empfinden – sei es im ÖPNV, im Pkw-Stau oder auf dem Irgendwie-Radweg.

Und das gilt natürlich erst recht für Berlin-Besucher und -Besucherinnen, die in erster Linie aus vielerlei anderen Gründen in die vermeintlich versteinerte Hauptstadt kommen und vielleicht bestenfalls eine einstündige Dampfer-Rundfahrt auf der Spree in Mitte in Erwägung gezogen haben.

Dieses Buch ist kein Tourenführer und kein Wasserwanderer. Aber doch ein bisschen etwas von beidem. So wird in vielen kleinen und größeren Kapiteln auf die vielfältige und ungemein abwechslungsreiche Wasserstadt verwiesen. Und es soll neugierig machen! Es ist eben nicht so – um es berlinisch auszudrücken: „Kennste einen See, kennste alle.“ Es kommt nicht nur aufs „Wohin?“ an, sondern auch auf das „Wie“. Und darauf, was vor Ort noch so auf einen wartet – zum Beispiel die eine oder andere gastronomische Entdeckung. Mag also der Spaß zur Freude beitragen, sich STADT – STRAND – FLUSS ganz individuell zu eigen zu machen.

Für Käpt'n Nobert W.

Der gebürtige Berliner **Werner Radasewsky Borges da Silva** lebt in Berlin und Portugal, er ist als Journalist, Redakteur und Autor tätig. Schon frühzeitig erkundete er die hiesigen Gestade mit dem Paddelboot, heute ist meist Familienhündin Buba dabei.

# Die Spree

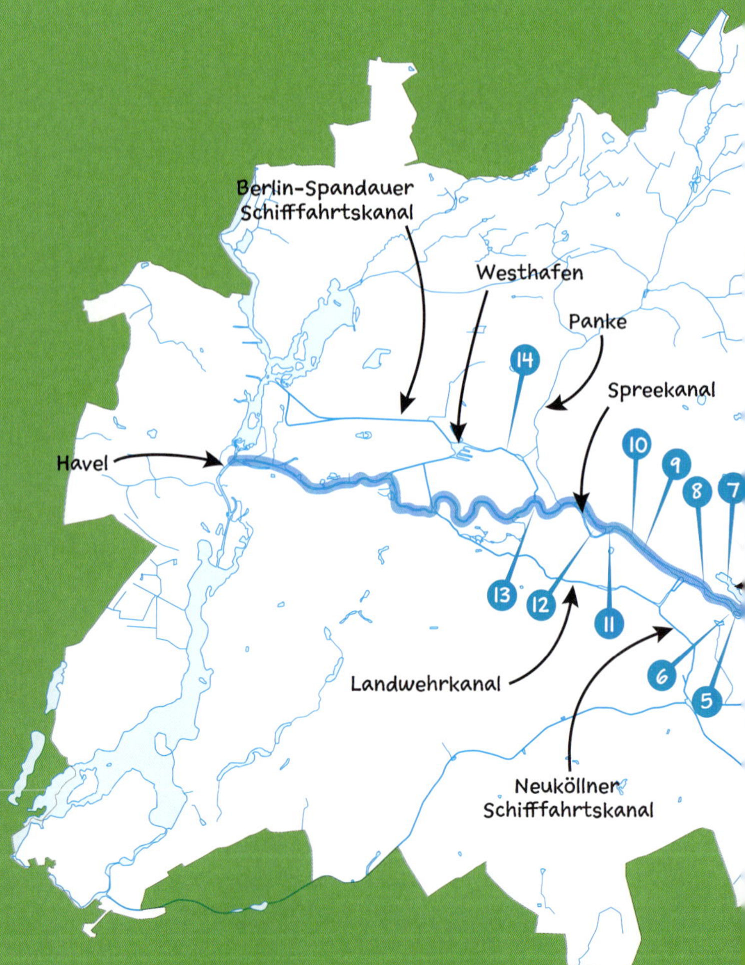
Berlin-Spandauer
Schifffahrtskanal
Westhafen
Panke
Spreekanal
Havel
14
10
9
8
7
13
12
11
6
5
Landwehrkanal
Neuköllner
Schifffahrtskanal

Die Spree ist so vielfältig wie Berlin. 44 Kilometer fließt sie durch die Hauptstadt, bis sie bei Spandau in die Havel mündet. Auf ihrem Weg durch die Stadt ist sie mal breit wie ein See (und heißt dann Müggelsee), an anderen Stellen zweigen Kanäle ab, dann wieder mäandert sie durch die Stadtlandschaft. Auch Inseln hat sie, die prominenteste ist die Spreeinsel, wo die Ursprünge Berlins liegen. Von dort aus entwickelte sich die Stadt in flächenmäßiger Großzügigkeit.

Als nach 1989 keine Militärschiffe mehr auf dem Fluss patrouillierten, erlebten die Spreeufer ein lebensbejahendes Revival. Die Wasserlagen waren und sind begehrt. Ein Konflikt tat sich auf zwischen privatwirtschaftlichem Immobilienmarkt und öffentlichen Bedürfnissen, das heißt: Spreeufer für alle!

Die Spree lässt sich auf Schiffsfahrten, mit SUP oder Tretboot entdecken. Man kann ihre Inseln erkunden – mit oder ohne Museen –, an ihren Ufern essen gehen oder in Strandbars relaxen. Und dabei in die wechselhafte Geschichte und quirlige Gegenwart Berlins eintauchen.

# Mit der Uferbahn ins Land der Dahmeseen

**Die wunderbare Wasserlandschaft der Dahme südöstlich von Köpenick, kann man zu Wasser und zu Lande erkunden. Für letzteres bietet sich eine Tour mit der schönsten Berliner Tramlinie am Wasser entlang nach Schmöckwitz an.**

Hier, im südöstlichsten Zipfel Berlins, mag man kaum glauben, dass man sich tatsächlich noch auf dem Gebiet der Metropole befindet. Wo die Hauptstadt ans Dahme-Seenland grenzt, taucht man in eine traumhaft schöne Wasserlandschaft ein, geprägt vom lang gestreckten Langen See, wie die breite Ausbuchtung der Dahme hier heißt.

Los geht's in Grünau: Gleich gegenüber des S-Bahnhofs fährt die Straßenbahnlinie 68, genannt Uferbahn, ab. Der Name ist Programm – die Tram durchquert nur kurz den

Wasser und Weite tun der Seele gut. Blick über den Seddinsee bei Schmöckwitz

Grünauer Forst und fährt von da an immer mehr oder weniger in Sichtweite des Wassers am Langen See entlang. Dort angekommen, passiert man zunächst die Tribüne der Regattastrecke, die für die olympischen Spiele 1936 errichtet wurde.

Rund 500 Meter weiter lädt das Strandbad Grünau zum Sprung in den Langen See. Die Anlage mit schönem Sandstrand gibt es schon seit 1908. Während der Olympiade 1936 konnte man hier vom Strandkorb aus den weltbesten Ruderern zusehen. Heute präsentiert sich die Anlage als coole Eventlocation mit historischem Charme. Wer es naturnaher und ruhiger mag, geht einen Kilometer weiter an der Bammelecke baden. Auf der bewaldeten Landzunge, die in den Langen See hineinragt, gibt es lauschige Ecken und zwei schöne Badestellen, auch FKK ist möglich.

## Schmöckwitz

Beim kleinen Ort Schmöckwitz, rund sechs Kilometer südöstlich von Grünau, stoßen Langer See, Zeuthener See und Seddinsee aneinander. An diesem Berliner Outpost endet die Straßenbahnlinie 68.

An der Endhaltestelle Alt-Schmöckwitz angekommen hat man beiderseits der Brücke an der Wernsdorfer Straße wunderschöne Ausblicke auf die märkische Seenlandschaft. Rundherum Natur satt! Hinter den Mini-Inseln Weidenwall

und Werderchen, die beide unter Naturschutz stehen, erkennt man das gegenüberliegende Ufer des Köpenicker Werders. Nach Nordosten schweift der Blick Richtung Seddinsee. Richtung Süden erstreckt sich der Zeuthener See. Darin liegt der Zeuthener Wall: ein 2 500 Quadratmeter großes, ungestörtes Inselidyll. Betreten verboten.

## Schmöckwitzer Werder

Am Zeuthener See entlang spaziert man von Schmöckwitz schön in Ufernähe bis zur südlichen Spitze des Schmöckwitzer Werders und erreicht so nach etwa 4,5 Kilometern durchs bewaldete Gelände den südlichsten Punkt Berlins mit der Siedlung Rauchfangswerder. Nur wenige Meter nördlich von diesem abgeschiedenen Ort befindet sich tatsächlich eine Bushaltestelle! Die Linie 168 bringt einen auf dem schnurgeraden kilometerlangen Schmöckwitzer Damm zurück nach Schmöckwitz. Wer möchte, kann den Werder aber auch ganz umrunden und auf der östlichen Seite zurückwandern, diesmal am Ufer des Großen Zugs bzw. Krossinsees.

## Fähren rund um Grünau

Ein anderer ausgedehnter Wasserspaziergang lässt sich entlang des östlichen Ufers des Langen Sees unternehmen. Auch hier kann man in Schmöckwitz starten. Man verlässt dazu die Tram 68 schon an der Haltestelle Zum Seeblick und begibt sich direkt zur BVG-Fähre F21, die unweit von hier zum Anleger Krampenburg übersetzt (nur Apr.–Okt.). Dort lässt man die pittoreske Hausbootkolonie rechts liegen und spaziert direkt auf dem schönen Uferweg Richtung Westen. Etwa 7 Kilometer sind es bis zur Anlegestelle Wendenschloss, wo einen die Fähre F12 zurück nach Grünau und zur S-Bahn bringt. Man passiert unterwegs einige idyllische Badebuchten und den urigen Biergarten Schmetterlingshorst.

**Wo:** Grünau
**Anfahrt:** S Grünau und mit Tram 68

**Fähre F21**
Zum Seeblick (Schmöckwitz) – Krampenburg
*Apr.–Okt. tgl. (außer Mo) 10–18 Uhr alle 30 Min.*

**Strandbad Grünau**
Sandstrand, Liegewiese, FKK-Teilbereich, Steg mit Turm, diverse Gastronomie.
*www.strandbadgruenau.de*

**Schmetterlingshorst**
Bodenständiger Biergarten und eine ungewöhnliche naturkundliche Ausstellung, eine Institution in Köpenick.
*Zum Schmetterlingshorst 2 | www.schmetterlingshorst.de | tgl. geöffnet*

Der Gosener Kanal, kurz vor der Mündung in den Seddinsee

## Der Gosener Kanal

Dass man heute mit dem Ausflugschiff oder auch mit dem Paddelboot zwischen Dämeritzsee und Seddinsee unterwegs sein kann, ist einem denkwürdigen Ereignis geschuldet. Das Internationale Olympische Komitee hatte die „Spiele der Jugend“ am 13. Mai 1931 an Deutschland vergeben, ohne ahnen zu können, dass die Weimarer Republik 1933 von einer Diktatur abgelöst würde. Die Nationalsozialisten sahen dann in der erfolgreichen Durchführung der XI. Olympischen Spiele im August 1936 eine propagandistische Möglichkeit. In Charlottenburg entstand das „Reichssportfeld“ mit dem Olympiastadion, während man in Köpenick auf dem 1896 vom Regattaverein gepachteten Gelände in Grünau die 2 000 Meter lange Regattastrecke auf der Dahme als Austragungsort der Ruder- und Kanuwettbewerbe einrichtete. Dazu gehörte der Neubau einer Tribüne für 9 000 Besucher.
Auf gar keinen Fall sollten Auseinandersetzungen mit den Binnenschiffern wegen der olympiabedingten Sperrung der wichtigen Wasserstraße zwischen km 37,10 und km 39,10 zu Störungen der Wettbewerbe führen. Ein halbes Jahr nach der Machtergreifung Hitlers begannen deshalb am 15. August 1933 die Bauarbeiten für den Gosener Kanal, der seitdem als alternativer Wasserweg den Dämeritzsee mit dem Seddinsee verbindet. Parallel zum Kanal verläuft der ursprüngliche gewundene Gosener Graben, der nur von motorlosen Wassergefährten befahren werden darf. Mit üppigem und wildem Bewuchs an seinen naturbelassenen Ufern gilt er als eine der schönsten Strecken für Paddler in Berlin (Bootsverleih und Toureninfo z. B. bei www.kanuliebe.com).

## 2 Rahnsdorf und Neu-Venedig

# Erkundungen auf der Müggelspree

**Wo die Spree den Dämeritzsee bei Erkner verlässt, strebt sie – nunmehr auf Berliner Gebiet – als Müggelspree dem Müggelsee zu. Im Mündungsbereich findet sich eine einzigartige Deltalandschaft.**

Kelchsecke, Entenwall oder Dreibock heißen die größeren Inseln im Müggelspreedelta zwischen den Ausbuchtungen „Die Bänke" im Norden und dem Kleinen Müggelsee im Süden. Der rege Betrieb auf dem Wasser mit kleinen Nussschalen, unwahrscheinlich großen Motorjachten und den urigsten Gefährten Marke Eigenbau lässt schon vermuten, dass man die Eilande nur mit dem Boot erreichen kann. Wer keins besitzt, kann die einzigartige Spree-Deltalandschaft mit der Fähre F23 erkunden, die allerdings erst einmal gefunden werden will! Sie legt am Müggelwerderweg in Rahnsdorf ab und ist nur durchs schmiedeeiserne Tor von Nachbars Garten erreichbar.

### Fähre F23

Die F23 quert die äußerste östliche „Ecke" vom Großen Müggelsee, fährt durch eine ungeahnt schöne Wasserlandschaft, vorbei an naturbelassenen Ufern und teuren Wassergrundstücken, stoppt auch an den Stationen Müggelhort und am mehr als 100 Jahre alten Hotel-Restaurant Neu-Helgoland mit seinen Wasserterrassen. In einiger Entfernung passiert sie den hügeligen, weiß-sandigen Strand am Kleinen Müggelsee hin zur Station Kruggasse in Rahnsdorf, wo der alte Kirchturm in der Dorfmitte steht und die Müggelseefischerei ihre Gäste drinnen wie draußen am Wasser bewirtet.

Wer will, kann hier an Sommerwochenenden noch auf die Fähre F24 umsteigen – ein Unikum! Der Fährmann muss die maximal acht Passagiere – oder vier samt Fahrrädern – in einem Ruderboot von der Kruggasse in Rahnsdorf bis zu den gegenüberliegenden Spreewiesen in Müggelheim und wieder zurückbringen. Zwischen Mai und Oktober rudert er mit „Paule III" an Wochenenden und Feiertagen etwa 40 Mal am Tag die sage und schreibe rund 30 Meter „lange" BVG-Fährstrecke, die demzufolge mit einem BVG-Fahrschein zurückgelegt werden kann (Tickets direkt an der Fähre; nicht geeignet für Rollstuhlfahrer). Seit 1908 gibt es diesen Fährbetrieb.

Paddler auf den Wasserstraßen Neu-Venedigs

## Nach Neu-Venedig

Auf der Rahnsdorfer Seite geht die „Schnitzeljagd“ an Land weiter: Besucher schlagen sich über die Dorfstraße bis zum Plutoweg durch, wo sie nach gut 20 Minuten allmählich in eine kleine, feuchte Wunderwelt abtauchen, bildlich gesprochen. Denn es geht über etliche Brücken hinweg, zum Beispiel über die Rialtobrücke am Rialtoring. Wer da an Venedig denkt, liegt richtig. Neu-Venedig heißt ganz offiziell diese idyllische Lagunenlandschaft zwischen Rahnsdorf und Hessenwinkel, die vom Lagunenweg im Osten und dem Rialtoring im Süden und Westen umschlossen wird. Hier gab es einst nur sumpfige, von der Müggelspree durchweichte Wiesen, die ab 1926 durch ein verzweigtes, mehrere Kilometer umfassendes Kanalsystem entwässert wurden. So entstanden die Inseln, erhielt Neu-Venedig seinen Namen und wurde besiedelt. Heutzutage verfügt jedes Wassergrundstück über Bootsanleger und mitunter auch über eine Bootsgarage.

Alternativ besteht in Alt-Rahnsdorf nahe des Anlegers Kruggasse die Möglichkeit, ein Kanu, Kajak oder SUP zu mieten und sich das Kanal-Labyrinth Neu-Venedigs paddelnd zu erschließen. Auch der Sommergarten des Restaurant-Cafés Neu-Venedig lässt sich so bequem ansteuern.

Restaurant Neu-Helgoland mit Wasserterrassen

**Wo:** Rahnsdorf
**Anfahrt:** Zur Anlegestelle der F23 am Müggelwerderweg: Tram 61 bis Rahnsdorf/Waldschänke (Endstation) oder Bus 161 und 800 m zu Fuß weiter bis zum Fähranleger

 **Fähre F23**
In der Saison Di–So jeweils zur vollen Stunde

**Restaurant Neu-Helgoland**
Traditionsgaststätte am Wasser mit Fisch- und Wildspezialitäten.

*Neuhelgoländerweg 1 | www.neu-helgoland.de*

**Müggelseefischerei**
Verkauf von Frisch- und Räucherfisch durch den einzigen Fischer vom Müggelsee.

*An der Anlegestelle Kruggasse | Dorfstraße 13 | Sa/So 10–18 Uhr*

**Restaurant-Café Neu-Venedig**
Idyllisch mitten in den lagunenartigen Wasserwegen von Neu-Venedig gelegen. Sommergarten direkt am Wasser. Zu Wasser und zu Lande erreichbar (Bootsanleger).

*Finkenweg 348 | www.neu-venedig.de | ganzjährig ab 10 Uhr*

 **Kanu- und SUP-Verleih**
Für Neu-Venedig und die angrenzenden Wasserparadiese. Ca. 500 Meter von der Anlegestelle in Rahnsdorf entfernt.

*Am Küstergarten 18 | www.kanuverleih-berlin.de, www.sups-mieten.de | ganzjähriger Verleih*

Anlegen zum Kaffee fassen: Restaurant-Café Neu-Venedig

3 Müggelsee

# Schwimmen und Schlemmen

**Berlins größter See wartet mit keinem einzigen Eiland auf! Eher umgekehrt: zusammen mit den Dahmegewässern, dem Gosener Kanal und dem Dämeritzsee umschließt er große Teile des Bezirks Treptow-Köpenick.**

Der Abfluss des Müggelsees in Friedrichshagen ist natürlich die Müggelspree, deren Wasser von hier der Köpenicker Altstadt zuströmt. Der sich verengende Übergang in die Müggelspree hat es allerdings in sich, genauer gesagt, unter sich: Hier unterquert der etwa 120 Meter lange Spreetunnel das Flussbett. Er war 1927 der erste Eisenbeton-Tunnel Deutschlands, der in der sogenannten Senkkastenbauweise errichtet wurde. Dorthin führt ein schmaler Pfad von der Josef-Nawrocki-Straße. Nebenan im Müggelpark warten ein Restaurant, eine Beach-Bar und

Zwischen Friedrichshagen und dem Strandbad finden sich lauschige Badestellen

Dampferstationen auf Gäste. Doch während es in Friedrichshagen mit seinem charmanten Boulevard Bölschestraße urban zugeht, liegen auf der anderen Seite des Spreetunnels die westlichen Ausläufer des riesigen Köpenicker Stadtforsts, wo es unter anderem den legendären Müggelturm und die Müggelberge mit ungeahnter Weitsicht gibt.

Aus dem Spreetunnel kommend führt rechter Hand ein Uferweg an Badestränden stadteinwärts, ohne dass es spürbar städtischer wird. Im Gegenteil: Hinter ein paar Windungen scheint sich die Zivilisation gänzlich verabschiedet zu haben. Wie für den Schiffbrüchigen auf offener See, der sich auf ein Inselchen mit der obligaten Palme hat retten können und als bärtiger Zausel die Erlösung versprechende Rauchfahne eines Dampfers herbeisehnt, taucht am hiesigen Müggelspree-Horizont eine eigenartige Silhouette auf. Ein gestrandetes Geisterschiff? Keineswegs, hier ist Leben! An Bord findet man Rettung vor der heranwogenden Einsamkeit des dunklen Waldes, wie auf einer Arche – und so heißt sie auch: Die SpreeArche ist ein schwimmendes Blockhausrestaurant. Am Ufer drückt man einfach auf die Klingel und wird dann mit dem Boot abgeholt.

Baden kann man im Müggelsee natürlich auch! Dem Müggelseedamm am nördlichen Ufer nach Osten folgend hat man die Wahl zwischen Seebad und Strandbad.

**Wo:** Friedrichshagen
**Anfahrt:** S Friedrichshagen oder Tram 60/61 Josef-Nawrocki-Straße

**SpreeArche**
Schwimmendes Blockhausrestaurant und Café. Zwei Etagen, Außenterrasse, Reservierung empfohlen.

*Etwa 300 Meter vom Spreetunnel zu Fuß oder per Boot | www.spreearche.de*

**Hafenbar am Müggelsee**
Hier kann man sich im Sand aalen, vor oder nach einem Sprung in den See.

*Josef-Nawrocki-Straße 25 | www.strandhaus-berlin.de*

**Seebad Friedrichshagen**
Mit Imbiss und Bar-Pavillon sowie Absicherung durch Rettungsschwimmer.

*Müggelseedamm 216 | www.seebad-friedrichshagen.de*

**Strandbad Müggelsee**
Mit einer Wasserfront von etwa 1 000 Metern eines der größten Strandbäder Berlins (u. a. FKK-Strand, Restaurants, Fahrradverleih, Sauna, Surfschule). Die Straßenbahn 61 hält direkt vor dem 1929/30 errichteten terrassenförmigen Hauptgebäude.

*Fürstenwalder Damm 838*

**Dampferfahrt Müggelsee**
Mit Reederei Kutzker oder Stern und Kreis.

*www.reederei-kutzker.de, www.sternundkreis.de*

# Von der Dahme umarmt

**Den Hauptmann kennt jeder, aber Köpenicks herrliche Wasserlage samt barockem Waserschloss dürfte weniger bekannt sein.**

In einer Berliner Zeitung konnte man am 17. Oktober 1906 lesen: „Ein als Hauptmann verkleideter Mensch führte gestern eine von Tegel kommende Abteilung Soldaten nach dem Köpenicker Rathaus, ließ den Bürgermeister verhaften, beraubte die Gemeindekasse und fuhr in einer Droschke davon." Dahinter verbarg sich das tragikomische Schicksal des Schusters Wilhelm Voigt, dessen dreistes Gaunerstück Carl Zuckmayer den Stoff für sein erfolgreichstes Theaterstück lieferte. Als Bronzemann steht der Hauptmann noch heute vor dem neogotischen Köpenicker Rathaus.

Weniger bekannt dürfte die Topografie von Köpenick sein: Im

Blick auf die Uferpromenade am Luisenhain, dahinter die Altstadt mit dem Rathaus

Kernbereich machen drei Inseln das Ortszentrum zu einer Wasserstadt. Die künstlich angelegte Baumgarteninsel beherbergt seit 1922 Kleingärten, die ausschließlich mit dem Boot zu erreichen sind – auch wenn der sogenannte Katzengrabensteg von Spreeufer zu Spreeufer einen Inselzipfel überspannt. Die zweite Insel ist die Altstadt von Köpenick selbst und dahinter liegt als dritte Insel die Schlossinsel. Sie ist durch die breite, verkehrsreiche Müggelheimer Straße stärker abgeschnitten als durch den schmalen Schlossgraben, aber tatsächlich nur über eine (Fußgänger-)Brücke zu erreichen.

Umflossen von der Dahme, kurz vor deren Einmündung in die Spree, steht hier Berlins einziges Wasserschloss (1677–1689) mit angegliederter Kirche und stilvollem Schlosscafé samt Terrasse – eingebettet in den Schlosspark mit schönem alten Baumbestand und einer aussichtsreichen Uferpromenade. Die restaurierten, strahlend weißen barocken Fassaden spiegeln sich in den Wellen. Es herrscht reger Schiffsverkehr. Freizeitkapitäne können sich einreihen und nicht nur das Wasserschloss umfahren, sondern auch die Altstadt vom Wasser aus betrachten. Viele neue Wohnbauten mit individuellen Bootsanlegern direkt an den Spreeufern sind vom Festland aus weder so zu sehen noch zu vermuten. Umweltfreundlich und originell geht das mit einem Solarboot.

## Schlossinsel Köpenick

Das prominent gelegene Dahmeinselchen war schon immer ein beliebter Bauplatz. Lange bevor die Askanier an dieser Stelle im Jahr 1240 eine Festung errichteten, befanden sich hier slawische Burganlagen. Das heutige barocke Wasserschloss folgte auf ein Renaissance-Jagdschlösschen, das unter Kurfürst Joachim II. um 1558 die Askanierfeste abgelöst hatte. Als Teil des Kunstgewerbemuseums präsentiert es nun unter dem Oberbegriff „Raumkunst aus Renaissance, Barock und Rokoko“ edle Environments mit kostbaren Vertäfelungen, Stuckaturen und Tapisserien sowie manch aufsehenerregendes repräsentatives Einrichtungsobjekt.

Insel und Schloss waren Schauplätze manch historischer Ereignisse. Während im Dreißigjährigen Krieg noch Schwedenkönig Gustav Adolf im Jagdschloss sein Hauptquartier hatte, fand 1730 im Wappensaal des heutigen Gebäudes auf Betreiben des „Soldatenkönigs“ Friedrich Wilhelm I. das Kriegsgerichtsverfahren gegen seinen Sohn Kronprinz Friedrich (später „der Große“) und dessen Freund Hans Hermann von Katte statt; beide waren vor dem erbarmungslosen Regiment des Preußenkönigs geflüchtet, aber gefangen genommen worden. Das Kriegsgericht verurteilte Katte zu lebenslanger Haft, was der König, um ein Exempel zu statuieren, selbst zur Todesstrafe schärfte. Katte wur-

Geräuschlos und emissionsfrei – das geht mit Solarbooten, die man hier leihen kann

de am 6. November im Beisein des Kronprinzen in Küstrin enthauptet.

In der weiß-goldenen Schlosskapelle mit in die reformierte Kirche eingebundenen Gottesleuten wurde der Gottesdienst über lange Zeiten hinweg auf Deutsch und Französisch abgehalten – wegen der vielen in Frankreich verfolgten und in Preußen willkommen geheißenen Religionsflüchtlinge (Hugenotten).

Zu Beginn der Nazi-Herrschaft fanden in der reformierten Schlosskirchengemeinde dann wieder viele Verfolgte Unterschlupf. Ein Pfarrer versuchte seinerzeit sogar, Köpenicker NS-Politiker vor Gericht zu verklagen.

Hinter der Schlossbrücke erinnert die Skulptur „Wäscherin" an Henriette Lustig. Sie hatte 1835 das Wäschewaschen in der Spree als Dienstleistungsgewerbe etabliert und die erste Wäscherei gegründet. Östlich gegenüber der Schlossinsel zieht sich der Fischerkietz die Dahme entlang. Das 1375 urkundlich erwähnte slawische Fischerdorf hat seinen ursprünglichen Charakter bewahrt, sieben Häuser stehen unter Denkmalschutz. Die Straße Kietz hinunter kommt man zum Restaurant Krokodil mit eigenem Strandzugang.

Einen schönen Blick übers Wasser kann man aber auch auf der Altstadtinsel genießen, zum Beispiel auf den Treppen der Uferpromenade am Luisenhain, direkt hinter dem Rathaus Köpenick.

**Wo:** Köpenick
**Anfahrt:** S Köpenick, Tram Schlossplatz Köpenick

**Schloss Köpenick**
Dependance des Kunstgewerbemuseums. Das Schlosscafé mit Blick aufs Dahmeufer ist hauptsächlich Hochzeitslocation, öffnet aber sonntags zum Brunch für alle.

*Schlossinsel 1 | www.smb.museum, www.schlosscafe-koepenick.de*

**Restaurant Krokodil**
Im Gebäude des historischen Flussbads Köpenick. Von außen erschließt sich nicht, wie ungewöhnlich diese Stätte ist: große Fensterfronten mit bravouröser Sicht auf die gegenüberliegende Schlossinsel, emporenartige Open-Air-Holzterrasse über weißem Bade-Sandstrand. Mit „Hostel am Flussbad".

*Gartenstraße 46–48 | www.der-coepenicker.de*

**Solarbootpavillon**
Stunden- oder tageweise Verleih von umweltfreundlichen, lautlosen und $CO_2$-freien Solarbooten. Touren bieten sich an auf der Spree oder auf der Dahme (► siehe auch Tour 1). Bootsführerschein ist nicht erforderlich. Einweisung durch den Verleih.

*In unmittelbarer Nähe zur Schlossinsel, Müggelheimer Straße 1d | www.solarwaterworld.de*

## 5 Treptower Park und Insel der Jugend

# Tretboot in Treptow

**Man kann den Treptower Park zu Fuß durchstreifen – oder dem Trubel an Land aufs Wasser entfliehen und dabei ein paar Inseln umrunden.**

Die Uferpromenade des Treptower Parks entlangbummelnd kommt man zur hoch aufgewölbten Abteibrücke. Sie führt auf die idyllische Insel der Jugend. An ihren beiden Enden durchschreitet man unterschiedlich gestaltete Türme, die mit Fachwerkgiebeln an mittelalterliche Stadttore denken lassen. Ursprünglich trug diese Spreeinsel den Namen Abteiinsel, benannt nach einem 1896 im Stil einer schottischen Klosterruine eröffneten Restaurant. Das wurde 1914 ein Raub der Flammen, doch die gleichnamige Brücke von 1915 – eine der ersten Stahlbetonbrücken in Deutschland – erinnert noch daran. In der DDR wurde aus der Abteiinsel die Insel der Jugend

Die farbenfrohen Tretboote versprühen Retrocharme

mit allerlei Freizeitangeboten. Heute befinden sich auf ihr ein Café, ein Freilichtkino, ein kleiner Sandstrand und Liegewiesen.

Das Eiland lässt sich auch wunderbar vom Wasser aus erkunden: Am Ufer des Treptower Parks kann man bei „rent-a-boat" kurz vor der Abteibrücke Tret- und Ruderboote mieten und damit gemütlich bis in die Rummelsburger Bucht schippern (► Seite 28). Dabei umrundet man in respektvollem Abstand die Inselchen Liebesinsel und Kratzbruch. Als „geschützter Landschaftsbestandteil" dürfen sie nicht betreten werden, hier fühlen sich allerlei Tiere wohl: Graureiher, Eisvögel, aber auch Biber und Fischotter wurden hier schon gesichtet.

Oder darf's eine schwimmende Badewanne sein? Kein Witz: Mit einer Art seegängigem Whirlpool können bis zu sechs Personen beim Anbieter „Badedampfer" zu einer feucht-fröhlichen Spritztour aufbrechen, frei nach dem Motto: „In meiner Badewanne bin ich Kapitän …"!

Am landseitigen Ufer ankert das ganzjährig geöffnete Segelschiffrestaurant Klipper, ein restaurierter, fast 32 Meter langer Zweimaster. Richtig gut andocken kann man natürlich auch bei Zenner. Nach umfassender Umgestaltung bereichert die alte Traditionsgaststätte nun wieder mit großem Biergarten sowie hochkarätigen Konzerten und Tanzveranstaltungen die Berliner Kultur- und Gastroszene.

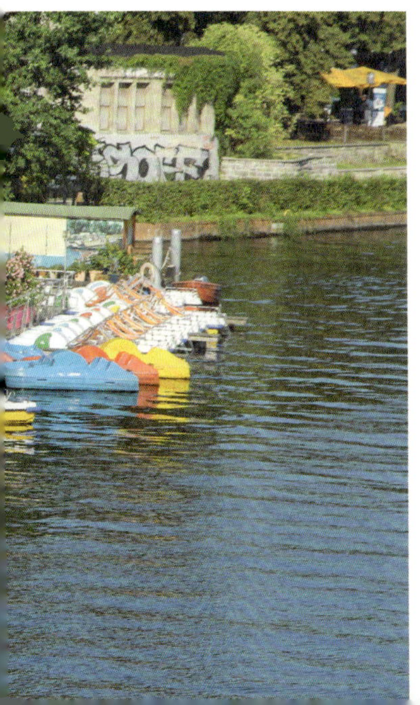

**Wo:** Treptow
**Anfahrt:** S Treptower Park

**Bootsverleih rent-a-boat**
Tret- oder Ruderboote.
*An der Abteibrücke | www.rent-a-boat-berlin.com*

**Klipper Segelschiffrestaurant**
Versorgte einst die westfriesischen Inseln und heute hungrige Berliner.
*Am Ende der Bulgarischen Straße | www.klipper-berlin.de*

**Zenner**
Gibt es schon seit den 1920ern, einer der größten Biergärten Berlins.
*Alt Treptow 15–17 | www.zenner.berlin*

# Einladung zum Perspektivwechsel

**Es gehört wenig Phantasie dazu sich vorzustellen, dass ein Blick vom Wasser aus oft völlig neue und unerwartete Perspektiven auf urbane Landschaften ermöglicht. Für Erkundungen in Eigeninitiative ist die Insel der Jugend ein guter Startpunkt.**

Per pedes entlang der Ufer und Promenaden Wasserwege erkunden geht immer. Aber auf dem Wasser? Funktioniert natürlich auch! Ein solcher Städte-Trip ist nicht nur für Touristen mal was anderes. Einheimische kommen ebenfalls auf ihre Kosten, mindestens, was die Entschleunigung betrifft. Man muss dabei nicht gleich wie Jesus trockenen Fußes über die Wogen wandeln. Es reicht beispielsweise ein SUP-Board, und die Füße werden allenfalls umspült, wenn der Bootsverkehr zu dicht wird. Oder man wählt die

Mit SUP oder Kanu – ein neuer Blick aufs Ufer, und Spaß macht es auch

Alternative im Sitzen: Kanu, Kajak oder Tretboot.

Wer Berlin zu Wasser jenseits der Ausflugsdampferstrecken erleben will, findet beim Team der Kanuliebe das nötige Equipment. Neben Booten in verschiedenen Größen und SUP-Boards werden stets Schwimmwesten, Gewässerkarten und wasserdichtes Packmaterial verliehen. Eine kundige Einweisung gibt es natürlich auch. Ganz nach Lust und Laune und entsprechend der jeweiligen Ambition und Ausdauer können Touren durchs ganze Stadtgebiet unternommen werden. Zum Beispiel den Landwehrkanal hinunter (und wieder hinauf) – Schleusengang inklusive – dessen Erkundung als Ganztagesausflug bis nach Charlottenburg ausgedehnt werden kann. Oder man biegt in den Neuköllner Schifffahrtskanal ab und entdeckt nur von der Wasserseite aus zu sehende Industrie-Hinterhöfe, bevor man unter den tosenden Autobahnen A100 und A113 hindurchgleitet. Sogar Mehrtagestouren Richtung Dahmeseen (▶ Seite 10) lassen sich organisieren.

Oder man begibt sich stilecht und elegant auf Nostalgietrip mit einem historischen Tretboot. Seit Jahren werden die bayerischen Barro-Tretbootklassiker aus den 50er- bis 80er-Jahren gesammelt und restauriert. Die sehen schick wie italienische Schnellboote aus, sind aber gänzlich emmissionsfrei.

**Wo:** Treptow
**Anfahrt:** S Plänterwald oder Treptower Park, Bus 165, 166, 265 Bulgarische Straße

**Kanuliebe**
4er-, 3er- und 2er-Tretboote, Kanadier für zwei bis drei Personen, 1er-Kajaks oder SUP-Boards samt Equipment, Gewässerkarte und fachkundiger Einweisung. Tourentipps auf der Website.

*Im Biergarten des Kulturhauses auf der Insel der Jugend | www.kanuliebe.com*

# 7 Rummelsburger Bucht

## Spaziergang mit Seeblick

**Dem Treptower Park gegenüber liegt die Halbinsel Stralau. Hier macht die Spree einen großen Schlenker stadteinwärts: die Rummelsburger Bucht.**

Auf der gesamten Halbinsel wurde seit der Wende viel gebaut. Entstanden ist die „Wasserstadt Stralau". Die Wasserlagen mit architektonisch meist anspruchsvollen Wohnhäusern gehören inzwischen zu den exquisitesten Neubauquartieren. Diverse Bootsstege und kleinere Jachthäfen bezeugen dies.

Einen Spaziergang entlang der Uferpromenade Rummelsburger Ufer kann man zum Beispiel vom S-Bahnhof Treptower Park aus beginnen. Neben kaum vermuteten Wasserblicken auf die Spree und ihre langgezogene Bucht machen Hinweistafeln auf die einst oder weiterhin vorhandenen Insel-High-

Blick auf die Halbinsel Stralau, vorne rechts die Inselchen Kratzbruch und Liebesinsel

lights aufmerksam – zum Beispiel auf die alte Teppichfabrik, den blauen Kran oder die Karl-Marx-Erinnerungsstätte. Hinter der Stralauer Dorfkirche mit schiefem Turm liegt der malerische, stille Stralauer Friedhof.

Am nördlichen Ufer trifft man auf den Palmkernölspeicher. Vor 140 Jahren löschten hier Transportschiffe aus den deutschen Kolonien in Westafrika ihre Ladung. Das alte Lagerhaus gehört neben den verbliebenen Gebäuden der Stralauer Flaschenfabrik und dem roten Klinkerbau des Flaschenturms der Engelhardt-Brauerei zu den letzten Industriedenkmälern auf der Halbinsel. Alle drei Gebäude wurden längst für Wohnzwecke umgestaltet.

Szenen des DEFA-Klassikers „Die Legende von Paul und Paula“ wurden am Rummelsburger See gedreht – vor allem die Kahnfahrt ist Kennern des Kultfilms unvergesslich. Zu Ehren des Films wurde ein Stück des Uferwegs „Paul- und Paula-Promenade“ genannt. Da hat man die Halbinsel aber schon umrundet.

Ausklang findet ein solcher Spaziergang beispielsweise in der schicken Hafenküche und ihren loungeartigen Sitznischen direkt an der weitläufigen, modernen Citymarina auf der Rummelsburger Uferseite, gegenüber der Stralauer Spitze. Hier wundert man sich dann wieder angesichts der zahllosen Industrieschiffe, die im weiteren Bereich auch ihren Hafen haben.

**Wo:** Friedrichshain/Lichtenberg
**Anfahrt:** S Treptower Park

**Citymarina/Hafenküche**
Restaurant, Kantine und Biergarten Spreedeck.

*Zur Alten Flussbadeanstalt 5 | www.hafenkueche.de*

**Floß und los**
In Rummelsburg hat der Floßverleih eine von drei Anmietstationen.

*Gustav-Holzmann-Straße 10 | www.flossundlos.de*

## 8 Molecule Man

# Monumentale Moleküle

**Ein Monumentalkunstwerk überragt das urbane Ensemble zwischen Elsen- und Oberbaumbrücke.**

Aus der Wasseroberfläche erhebt sich seit 1999 der 30 Meter große „Molecule Man" des amerikanischen Künstlers Jonathan Borofsky, eine silbrige, durchlöcherte Aluminiumskulptur. Ganz konkret symbolisieren die drei Figuren des „Molecule Man" die hier in der Spree seit 1920 zusammentreffenden administrativen Grenzen der Bezirke Kreuzberg, Friedrichshain und Treptow. Keine Grenzen sind den eigenen Interpretationsideen auf der Metaebene gesetzt.

### Zollsteg

Ein weiteres interessantes Gebilde im Wasser: Ein langer Steg zieht sich längs durch die Spree, gestützt von 258 maroden Stahlbetonpfählen. Kaum jemand weiß, dass es sich um den alten DDR-Zollsteg handelt. Hier wurden die in Ost-Berlin ankommenden oder ausfahrenden Binnenschiffer kontrolliert. Andererseits stellte das 1962 errichtete Bauwerk eine Grenzbarriere mit Wachturm, Lichtmasten und unpassierbaren Geländegittern zu West-Berlin dar. Denn zuvor war es 13 Ost-Berlinern gelungen mit einem gekaperten Ausflugsschiff durch den hier mündenden Landwehrkanal ins westliche Kreuzberg zu flüchten.

### Badeschiff

Baden ist in der Spree nicht erlaubt. Und doch kann man sich in glasklarem Wasser diesem Genuss hingeben: Möglich macht's das Badeschiff – der umgebaute Mittelteil eines in der Flussschifffahrt zu Frachtzwecken genutzten Schubverbandes. Ausgestattet mit Umwälzanlage, Beheizung, Wasserreinigung und ausgekleidet mit türkisfarbener Schwimmbadfolie ist das schwimmende Schwimmbad hinter dem Gelände der Arena Berlin fest verankert.

**Wo:** Treptow/Kreuzberg
**Anfahrt:** S Treptower Park

**Badeschiff**
Schwimmendes Schwimmbad mit Sandstrand und Open-Air-Bar. Im Winter wird es zu einer UFO-ähnlichen Saunalandschaft mit Panoramablick umgerüstet.
*Eichenstraße 4 | www.arena.berlin*

Aufruhr der Moleküle vorm alten Zollsteg

## 9 Oberbaumbrücke

# Berlin-Feeling pur

**Wer aus den Arkaden der Oberbaumbrücke heraus die Blicke in beide Richtungen über die Spree schweifen lässt, erlebt ein erhebendes Berlin-Gefühl.**

Das liegt auch daran, dass man hier wieder unbehelligt die von der Spree gebildete Grenze zwischen Kreuzberg und Friedrichshain überschreiten kann, die lange Zeit West- von Ostberlin trennte. Das an eine Ritterburg erinnernde Bauwerk bot dementsprechend lange einen eher traurigen Anblick. Deutsche Truppen hatten die Brücke im April 1945 wegen der sich nähernden Roten Armee zu zwei Dritteln gesprengt, erst ab 1972 fungierte das ruinöse Bauwerk im geteilten Berlin wieder als Grenzübergang. Nach der Wiedervereinigung wurde es umfassend wieder aufgebaut, erhielt seine Türme zurück und der Architekt Santia-

Verbindung zwischen Ost- und Westberlin mit grandiosem Blick Richtung Stadtmitte

go Calatrava schuf ein neues Mittelteil. Seit 1995 verkehrt auch wieder die U-Bahn auf dem Viadukt bis zur Station Warschauer Brücke.

Bis 2013 war die Oberbaumbrücke traditionell einmal im Jahr Schauplatz der „Gemüseschlacht“ zwischen Friedrichshainern und Kreuzbergern, in der volksfestartig und im Spaß um die Vorherrschaft zwischen den beiden mittlerweile fusionierten Bezirken gestritten wurde.

Etwa 100 Meter stadteinwärts fällt auf der Kreuzberger Seite eine rote Leuchtkugel auf. Sie wirkt wie auf einen Mast gespießt, bewegt sich aber abhängig vom Schiffsverkehr auf der Spree auf und ab. Sie erinnert symbolisch an den im Zweiten Weltkrieg zerstörten Leuchtturm.

Hier, am May-Ayim-Ufer, dem Herzstück einer künftigen Kreuzberger Uferpromenade, wurde die historische Doppelkaianlage von 1895 denkmalgerecht saniert und für eine neue Nutzung ausgebaut. Die mit ihr verbundenen „Katakomben“ – einst offene, unterirdische Warteräume – dienen nun als Räumlichkeiten für das elegante Restaurant Rivo mit wasserseitiger Café-Terrasse.

Tragödien ereigneten sich hier in den 1960er und 70er-Jahren: Mindestens fünf Kreuzberger Kinder ertranken unmittelbar vor dem Ufer. Da die Spree hier in voller Breite zum Staatsgebiet der DDR gehörte, war den West-Rettungskräften der Einsatz verboten.

**Wo:** Friedrichshain/Kreuzberg
**Anfahrt:** S/U Warschauer Straße oder U Schlesisches Tor

**East Side Gallery**
Die Hinterlandmauer zwischen Oberbaumbrücke und Ostbahnhof wurde seit 1990 von Künstlern aus aller Welt mit großformatigen, oft skurrilen Bildern geschmückt, wie man es davor nur von der Westseite der Berliner Mauer kannte.

*www.eastsidegallery-berlin.de*

**Pirates**
Riesige Strandbar und Restaurant auf zwei Etagen direkt an der Oberbaumbrücke.

*Mühlenstraße 87–80 | www.pirates-berlin.com*

## 10 Holzmarkt 25

# Die Antwort auf Mediaspree

**Hier ist die Spree am coolsten. Das auf den ersten Blick kurios zusammengewürfelte Ensemble am Holzmarkt hat System – und Relevanz.**

Wie viele andere kreative Projekte im Nachwendeberlin ist der „Holzmarkt“ aus der kreativen Nutzung einer urbanen Leerstelle hervorgegangen, die im Bereich des ehemaligen Mauerstreifens entstanden war. Heute findet er sich im Spannungsfeld kommerzgetriebener Grundstücksverwertung wieder. Für diese steht exemplarisch das „Mediaspree“ genannte Public-private-Partnership-Projekt, das durch Bebauung und Privatisierung die Spreeufer für die Öffentlichkeit stellenweise unzugänglich machte. In diesem Rahmen entstand auch das neue Stadtquartier rund um die Mercedes-Benz-Arena.

Das Quartier am Holzmarkt 25 setzt einen bewussten Gegenakzent.

Spreeufer für alle! Auf dem Holzmarkt-Gelände wird diese Utopie Realität

Es versteht sich als ein stets im Werden befindendes, grünes und kreatives urbanes Dorf samt Marktplatz. Ausrichter ist ein genossenschaftlicher Verbund, der sich einsetzt für „Arbeit und Muße, Austausch und Debatte, Spaß und Ruhe“ – ein Treffpunkt nicht nur für die Nachbarschaft, sondern auch ein internationaler Willkommensort.

Kultur und Kunst gehen dabei Hand in Hand mit Wirtschaftlichkeit und Nachhaltigkeit. Dafür, dass das leibliche Wohl nicht zu kurz kommt, sorgt das Restaurant Katerschmaus.

## Radialsystem

Nur wenige Fußminuten weiter breitet sich der angesagte Kaimauer-Kultur-Hotspot „Radialsystem“ aus. Der denkmalgeschützte Industriebau aus rotem Backstein direkt an der Spree wird von einem neuen Gebäudeteil eingefasst und überbrückt. Es handelt sich dabei um eins von ehemals zwölf Pumpwerken, die nach dem von James Hobrecht konzipierten und Ende des 19. Jahrhunderts angelegten Kanalisationssystem für Berlin die gesammelten Abwässer auf die Rieselfelder außerhalb der Stadt pumpten. Die ungeklärte Einleitung in die Spree fand damit ein Ende.

Nun ist das Radialsystem ein erstklassiger Kultur- und Event-Ort mit Outdoor-Loungebereich auf der großzügigen Spreeterrasse.

**Wo:** Friedrichshain
**Anfahrt:** S/U Jannowitzbrücke oder S Ostbahnhof

**Katerschmaus**
Internationale Küche, regionale Zutaten. Geschmaust wird nicht nur drinnen, sondern auch auf der schönen Spreeterrasse.
*Holzmarktstraße 25 | www.katerschmaus.de*

 **Radialsystem**
Hochklassige Veranstaltungen im Bereich Musik, Performance, Tanz, Sound.
*Holzmarktstraße 33 | www.radialsystem.de*

# Kähne entern

**Vom Frachtkahn Adonis bis zum Polizeiboot Wespe: Im Historischen Hafen knüpft man an die schifffahrtsgeschichtliche Tradition Berlins an.**

Hier ist man nun wirklich im Herzen der Stadt: Schon von den ersten mutigen Siedlern, die sich ins sumpfige Gelände an der Spree vorwagten, dürften im späten 12. Jahrhundert am Übergang zur Spreeinsel Landestellen für Boote angelegt worden sein, die bald auch Waren transportierten. Als erste schriftliche Erwähnung eines existierenden Hafens darf eine Urkunde von 1289 gelten.

Über zwei Dutzend Dampfschlepper, typische Berliner Ausflugsschiffe aus der Zeit um 1900 und historische Maßkähne, mitunter mit originalen Segeleinrichtungen, liegen heute an den Kais des

Historische Schiffe vor historischen Fassaden am Märkischen Ufer

Märkischen Ufers und an der südwestlichen „Nase" der Fischerinsel. Zwischen historischen Fassaden hier und hohen alten Bäumen dort spannt sich malerisch die Inselbrücke. Für den Autoverkehr ist sie gesperrt.

Die Berlin-Brandenburgische Schifffahrtsgesellschaft e. V. präsentiert am Berliner Museumshafen ein in Deutschland einzigartiges Ensemble von alten, für die regionale Schifffahrt charakteristischen historischen Binnenschiffen verschiedenster Bauart und Herkunft. Alle Schiffe sind fahrtüchtig und werden nach denkmalpflegerischen Gesichtspunkten in Schuss gehalten. Unter Deck der „Renate-Angelika" hat der rührige Verein eine Ausstellung über die Binnenschifffahrt auf Spree und Havel mit Schiffsschrauben, Anschlagkrallen, Schlepphaken und originaler Schiffsküche mit Schlafstube eingerichtet.

Als Passagier darf man beim An- und Abdampfen jeweils zu Beginn und zum Ende der Saison mit dem Dampfschiff „Andreas" die Spree hinauf- und hinunterschippern. Das Schiff mit dem markanten klappbaren Schornstein ist einer der ältesten noch aktiven Dampfschlepper Europas.

Wer mit eigenem Boot am Anlegesteg festmachen will, sollte einen Termin im „Anlegebuch" reservieren (hafenmeister@historischer-hafen-berlin.de).

**Wo:** Mitte
**Anfahrt:** U Märkisches Museum

**★ Historischer Hafen Berlin**
Technikgeschichte, Kultur und Natur im Herzen Berlins.

*Märkisches Ufer | www.historischer-hafen-berlin.de*

**Gestrandet**
Direkt am Fluss barfuß den warmen Sand kneten: Hier können durchaus Urlaubsgefühle aufkommen. Getränke und Snacks an der Freiluftbar, auf den Liegestühlen und Treppchen. Absolut familientauglich.

*Rolandufer 4 | www.strandhaus-berlin.de | Mai–Okt. bei schönem Wetter*

# Zwischen Plattenbau und Musentempel

**Die Spreeinsel liegt mitten in Berlin und mitten in der Spree. Auf ihrem südlichen Teil, der Fischerinsel, liegen die ältesten Siedlungsgebiete der Stadt.**

Am Historischen Hafen (► Seite 36) gabelt sich die Spree. Da sind auf der einen Seite die Anlagen der viel befahrenen Mühlendammschleuse und am Flussufer die eigenwillige niederländische Botschaft des Architekten Rem Koolhaas. Gegenüber öffnet sich der Spreekanal, 1681 von holländischen Spezialisten zur Friedrichsgracht ausgebaut. Hier spiegelt sich die Fassade der modernen brasilianischen Botschaft in der Flussgabelung. Ein paar Kilometer weiter treffen Hauptstrom und Nebenarm an der historisch restaurierten Monbijoubrücke wieder zusammen. Von den Gewässern umschlossen liegt eine Insel. Und was

Die Schinkelsche Schlossbrücke ist original erhalten, das Schloss eine Rekonstruktion

für eine! Wir befinden uns in der Keimzelle der heutigen Stadt Berlin!

## Fischerkiez

An der Südspitze heißt die Insel Fischerinsel. Das dortige, zum ältesten Teil der Stadt gehörende Grachtenufer und der gesamte Fischerkiez wurden 1965–1973 abgerissen und dafür Plattenbauten hochgezogen. In die 21-geschossigen Gebäude zogen neben ganz normalen Familien viele Funktionäre und Diplomaten ein, aber auch Künstler, Wissenschaftler, Schauspieler – ein ganz besonderer Kiez entstand.

Nur ein Haus, die Friedrichsgracht 15 mit der Altberliner Freitreppe, ist auf der Festlandsseite wieder aufgebaut worden (heute Märkisches Ufer 12). Das benachbarte Ermelerhaus (Märkisches Ufer 10) stand früher in der Breiten Straße 11.

## Stadtschloss

Ungefähr in der Mitte der Spreeinsel ist wie Phoenix aus der Asche das Stadtschloss wieder auferstanden – nach Sprengung und Abriss der historischen Schlossruine 1950 und Rückbau und Abriss des Palasts der Republik an selber Stelle 2008. Als moderne museale Multifunktionsstätte haucht das wiederaufgebaute Schloss nun als Humboldt Forum dem geschichtsträchtigen Ort neues Leben ein. Die Ethnologischen Sammlungen sowie das

21-Geschosser auf der Fischerinsel

Museum für Asiatische Kunst haben hier ein neues Zuhause gefunden, während die neu konzipierte Ausstellung „Berlin Global" multimedial und interaktiv die Themenwelten der modernen Metropole anreißt. Dazu gehören Freiraum und Grenzen, Krieg und Vergnügen, Mode, Revolution, Verflechtung. Stichwort Vergnügen: Die beliebte und belebte Dachterrasse mit der unvergleichlichen Weitsicht hat sich zum Publikumsmagneten entwickelt.

Gegenüber dem rekonstruierten Hohenzollernschloss prangt der Berliner Dom, die größte Kirche Berlins, oft als der „Petersdom der Protestanten" bezeichnet. Das historistische Riesengebäude wurde erst 1905 fertiggestellt. Den Vorgängerbau – eine schlichtere, von Schinkel um 1820 im klassizistischen Stil umgestaltete Kirche – riss man ab. Bedeutend ist der Berliner Dom als dynastische Grabstätte: 94 Mitglieder des Hauses Hohenzollern fanden in der raumgreifenden Gruft ihre letzte Ruhestätte.

Und da ist noch die nördliche Inselspitze, die unter dem Namen Museumsinsel (► Seite 41) Weltruf genießt und jährlich mehrere Millionen Besucher zählt!

14 Straßen- und Fußgängerbrücken führen auf die Spreeinsel. Ein ganz besonderes Schmuckstück ist die von Karl Friedrich Schinkel zwischen 1821 und 1824 erbaute Schlossbrücke, die vom repräsentativen Boulevard Unter den Linden ursprünglich zum Schloss hinüberführte (heute zum Humboldt Forum). Sie wird flankiert von acht Kriegergruppen aus weißem Marmor, deren Kampf und Tod von den Siegesgöttinnen Nike, Iris und Athena begleitet werden. Die Skulpturen wurden etwas später, 1842–1857, ausgeführt. Acht Berliner Bildhauer aus den Schulen Johann Gottfried Schadows und Christian Daniel Rauchs waren daran beteiligt.

Auch Berlins älteste erhaltene Brücke findet man an der Spreeinsel. Die Jungfernbrücke, 1798 im Stil einer holländischen Klappbrücke errichtet, überbrückt die Friedrichsgracht bzw. den Kupfergraben.

Und schließlich docken noch zwei S-Bahnbrücken an die Nordspitze der Spreeinsel an, sodass man mit der Bahn direkt zwischen den ehrwürdigen Fassaden von Pergamonmuseum und Bodemuseum hindurchgleiten kann.

**Wo:** Mitte
**Anfahrt:** U Museumsinsel

**Museumsinsel**
Informationen über alle Museen und Sammlungen, Dauer- und Sonderausstellungen, Tickets und Öffnungszeiten unter:

*www.smb.museum*

**Restaurant Baret**
Mittagstisch oder Kaffee und Kuchen, abends feines Diner. Contemporary Cuisine Berlin Style. Kirsche auf der Sahne: Die Dachterrasse!

*Dachterrasse im Humboldt Forum | mit dem Aufzug in der Treppenhalle | Di geschlossen*

Kunst-Pause im Kolonnadenof vor der Alten Nationalgalerie

## Die Museumsinsel

Wenn die Museumsinsel auch nur einen Teil der sich zwischen Kupfergraben und Spree hinwindenden langen Insel ausmacht, hat Berlin dieser einmaligen insularen Nordwestspitze seinen Beinamen zu verdanken: „Spree-Athen“. Die UNESCO hat das klassizistisch-schöne Ensemble und sein kunstvolles Innenleben zum Weltkulturerbe deklariert.
Fünf imposante Museumsgebäude wurden hier zwischen 1830 und 1930 errichtet. Sie beherbergen große Teile der umfangreichen und hochkarätigen Sammlungen Preußischer Kulturbesitz, darunter weltberühmte Objekte wie die Büste der Nofretete oder den Pergamonaltar. Die Inselspitze besetzt der charakteristische Kuppelbau des Bode-Museums, benannt nach dem einflussreichen Generaldirektor der Preußischen Museen (1905–1920), mit einer erstrangigen Sammlung von Münzen, Skulpturen und byzantinischer Kunst. 2017 wurde es Opfer des spektakulären Diebstahls der 100 kg schweren Goldmünze Big Maple Leaf. Der Abtransport des Diebesgutes erfolgte recht hemdsärmelig mit Schubkarre und Rollbrett über die S-Bahngleise.
Seit 2019 gibt es mit dem zentralen Eingangsgebäude der James-Simon-Galerie noch einen weiteren Bau. Der Entwurf von David Chipperfield greift mit lang gezogenen Kolonnaden das Motiv des Kolonnadenhofs vor der Alten Nationalgalerie auf. Jener von Kolonnadengängen umrahmte grüne Hof mit Brunnen und zahlreichen Skulpturen, der im Osten an die Spree grenzt, ist einer der schönsten Orte des Ensembles und lädt zum Rasten oder Flanieren ein.

# Relaxen im Regierungsviertel

**Das Kanzleramt im Rücken, den Hauptbahnhof vis-à-vis und dabei barfuß im Liegestuhl: nirgends lässt sich hauptstädtischer chillen als am Capital Beach.**

Hinterm Schiffbauerdamm mit Bertolt Brechts „Berliner Ensemble" und uferseitigen Restaurants trumpft im Areal des Spreebogens die Moderne auf – mit den Neubauten des Regierungsviertels. Der Uferbereich des Spreebogens ist dabei zu Unrecht ein wenig aus dem Blick geraten. Allein die elegante Kronprinzenbrücke, die in Verlängerung der Reinhardtstraße die Spree überspannt, ist ein Hingucker. Und das strahlend weiß gebaute Kapelle-Ufer hat sich zu einer Sehen-und-Gesehenwerden-Meile entwickelt. Nächtens punkten hier die Bundestags-Neubauten in leuchtenden Inszenierungen und verleihen

Hier wäre der Kanzler jetzt auch gern: grüner Strand am Spreebogen

dem gastronomischen und anderweitigem Niemandsland ein funkelndes Antlitz.

Doch der Wahrheit die Ehre: Zumindest im Sommer zieht dem Hauptbahnhof gegenüber und gleichfalls in Sichtweite des Regierungsareals der „Capital Beach“ Sonnenhungrige in seinen Bann. Der Strand präsentiert sich hier als satte Rasenfläche mit Strandkörben und Liegestühlen. Tapas-Bar, Restaurant und eine umfangreiche Cocktailkarte tragen zur Entspannung bei. Beachgäste und Dampferpassagiere auf der Spree können sich gegenseitig zuwinken. Von donnerstags bis sonntags gibt es Musik von DJs.

Wer noch ein wenig spreeabwärts schlendern möchte, passiert auf grünen Uferwegen bald das Haus der Kulturen der Welt (auch mit wasserseitigem Biergarten) und erreicht nach 1,5 Kilometern Schloss Bellevue bzw. 200 Meter weiter den gleichnamigen S-Bahnhof.

**Wo:** Mitte
**Anfahrt:** S/U Hauptbahnhof

**Capital Beach**

*Ludwig-Erhard-Ufer |*
*In der Saison tgl. ab 10 Uhr*

**Weltwirtschaft**

Im Haus der Kulturen der Welt.
Restaurant, Biergarten, Dachkiosk.

*John-Foster-Dulles-Allee 10 |*
*www.weltwirtschaft.berlin*

# Drei-Häfen-Spaziergang

**Zu den (noch) weniger geläufigen Uferpromenaden zählt die vergleichsweise neue und schön gestaltete Wegstrecke vom Alexanderufer am Hauptbahnhof am Berlin-Spandauer Schifffahrtskanal entlang.**

Schon Peter Joseph Lenné hatte diese Promenade im Sinn, als er die Pläne für den ab 1848 angelegten Kanal entwickelte. Jener verkürzt den Weg zur Havel im Vergleich zur Spree um etwa 6 Flusskilometer. Wo er im Spreebogen abzweigt, erbaute man den trichterförmigen Humboldthafen – die Promenade entstand erst rund 150 Jahre später.

## Humboldthafen

An der östlichen Begrenzung des Hafenbeckens, dem Alexanderufer, beginnt unser Spaziergang. Lange

Alter Grenzturm und Gedenkstätte

Kieler Brücke, kurz vor dem Nordhafen

im unmittelbaren Grenzgebiet gelegen, rückte der Humboldthafen erst mit dem Bau des neuen Berliner Hauptbahnhofs wieder ins Interesse und man darf nun gespannt auf seine zukünftige Nutzung sein. Am gegenüberliegenden Ufer ist in den letzten Jahren das neue Stadtviertel Europa-City mit radikal nüchterner Architektur aus dem Boden gewachsen – nicht wenige werten es als vergebene städtebauliche Chance.

Bald nach Überquerung der Invalidenstraße führt die Promenade am Invalidenfriedhof vorbei. 1748 angelegt ist er einer der ältesten Berliner Friedhöfe. Er gehörte einst zum Invalidenhaus der preußischen Armee, in dem Kriegsversehrte ihren Lebensabend verbringen konnten. Viele Berliner Persönlichkeiten liegen hier begraben. Teile des Friedhofs liegen auf dem ehemaligen Todesstreifen und waren seit dem Mauerbau 1961 regelrecht verwüstet. Unbeschadet hat zum Glück das bedeutendste Monument der Anlage die Zerstörungen der DDR-Zeit überstanden: das 1834 von Christian Daniel Rauch nach einem Entwurf Schinkels errichtete Grabmal für den General Gerhard Johann David von Scharnhorst (1755–1813).

Nur ein paar Schritte weiter erreicht man in der Kieler Straße 2 die Gedenkstätte Günter Litfin. Beim Versuch, über den Kanal nach West-Berlin zu fliehen, wurde er am 24. August 1961 von Angehörigen

Auf dem Invalidenfriedhof

der Transportpolizei erschossen und war damit, wenige Tage nach dem Mauerbau, das erste Opfer gezielter Schüsse an der Grenze zwischen Ost- und West-Berlin. Die Gedenkstätte befindet sich in einem ehemaligen Grenzwachturm.

## Nordhafen

Weiter am Ufer öffnet sich am Nordhafen ein hier kaum vermutetes, lauschiges Parkgelände und der quirlige kleine Sprengelkiez, der zum Wedding gehört. Auch der Nordhafen entstand im Zuge des Kanalbaus ab 1856 und lag nach dem Zweiten Weltkrieg unmittelbar an der Sektorengrenze. 1966 legte man am Westufer den Betrieb endgültig still, am Ostufer bereits 1952. Hier, hinter der Sellerbrücke, mündet übrigens die Panke ins Hafenvorbecken (► Seite 95).

Wo das Nordufer einen Knick macht, strahlt eine farbenfrohe Wohnhausfront, die einen dahinterliegenden ausgedehnten Garteninnenhof verbirgt. Der Komplex gehört zum Harry-Gerlach-Wohnungsunternehmen, das sich dem sozial verträglichen und stadtweit stets kunterbunten Wohnungsbau verschrieben hat. Gleich um die Ecke laden eine Liegewiese und Tischtennisplatten am Ufer des Pekinger Platzes zum Verweilen ein, und man findet hier auch sehr nette und preiswerte Restaurants.

Das Nordufer zieht sich weiter bis zur Seestraßenbrücke. Wo man am zentralen Sitz des legendären Robert-Koch-Instituts, einem gewaltigen rostroten Backsteinbau, vorbeikommt, fällt der Blick am anderen Ufer auf die historische Fassade der Turbinenhalle des ehemaligen Kraftwerks Moabit, das 1900 ans Netz ging – auch in Backstein. Doch bald verweisen moderne Industrieanlagen auf maritimes Geschehen, denn hier öffnen sich die Kais vom Westhafen. Der dritte Hafen auf diesem Spaziergang ist Berlins größter.

Am dreieckigen Eckernförder Platz, der eher einem idyllischen Parkgelände gleichkommt, schwenkt die Straße Nordufer als Sylter Straße rechts ab. Nur ein Fußweg führt weiter am Wasser entlang und unterquert die viel befahrene Seestraßenbrücke. Auf der anderen Seite tut sich grünes Gelände auf: Der baumumstandene Plötzensee, der an den wunderbaren Volkspark Rehberge grenzt, lockt hier mit Tretbooten und Strandbad (► Seite 178).

**Wo:** Mitte
**Anfahrt:** S/U Hauptbahnhof
**Rückfahrt:** Tram Virchow-Klinikum (M13, 50)
**Strecke:** ca. 5 Kilometer

**Fünf&Sechzig**
Stilvoll, lecker und preiswert.
*Torfstraße 9 | www.restaurant65.de*

**Gaststätte Deichgraf**
Gutbürgerliche Kost in traditionsreichem Lokal (seit 1904) mit großem Biergarten.
*Nordufer 10 | www.gaststaette-deichgraf.de | Mo geschlossen*

Eindrucksvoll sind die historischen Speichergebäude aus rotem Backstein

## Westhafen

Die Wahrscheinlichkeit, dass diese Berliner Molen zu einschlägiger Hafenlyrik à la „Junge, komm bald wieder“ inspirieren, ist eher gering. Die Rede ist vom Westhafen in Moabit. Gefühlsduselei kommt bei den 1914 begonnenen maritimen Zweckbauten und Kaianlagen nicht auf, wohl aber Respekt vor der Größe des größten Berliner Hafens. Etwa 430 000 Quadratmeter umfassen die Hafenbecken dieses wichtigen Umschlagplatzes für die Binnenschifffahrt, gesäumt von imposanten, unter Denkmalschutz stehenden Gebäuden, zum Beispiel riesigen Getreidespeichern. Einer bietet inzwischen der Berliner Staatsbibliothek für eine längere Übergangszeit einen Standort für ausgelagerte Magazinbestände und die Stiftung Preußischer Kulturbesitz bunkert darin die Zeitungsabteilung ihres sogenannten „Geheimen Preußischen Staatsarchivs“.
Auch anderweitig werden die historischen Lagerhallen als Verkaufsräume, Werkstätten oder für Veranstaltungen genutzt. Eine derartige Zweckentfremdung ist nichts Neues. 1926 mietete der US-Automobilhersteller Ford eine Lagerhalle an und ließ dort das berühmten Modell T („Tin Lizzy“) aus Einzelteilen montieren. Das war aus steuerlichen Gründen preiswerter als der Import bereits fertiger Fahrzeuge. Die Produktion in Berlin wurde im April 1931 aufgegeben.
In jüngerer Zeit wurden eine Container-Verladestation, eine Roll-on-roll-off-Anlage und ein Anleger für Fluss-Kreuzfahrtschiffe errichtet. Integriert in das überregionale Wasserstraßennetz zwischen Elbe und Oder fahren die Schiffe über die Havel die Elbe auf- oder abwärts, nach oder von Hamburg, kommen zum oder vom Atlantik, zumindest Berlin-Nordsee.
Das Hafengelände ist öffentlich zugänglich. Shanties summen erwünscht.

# Der Landwehr-kanal

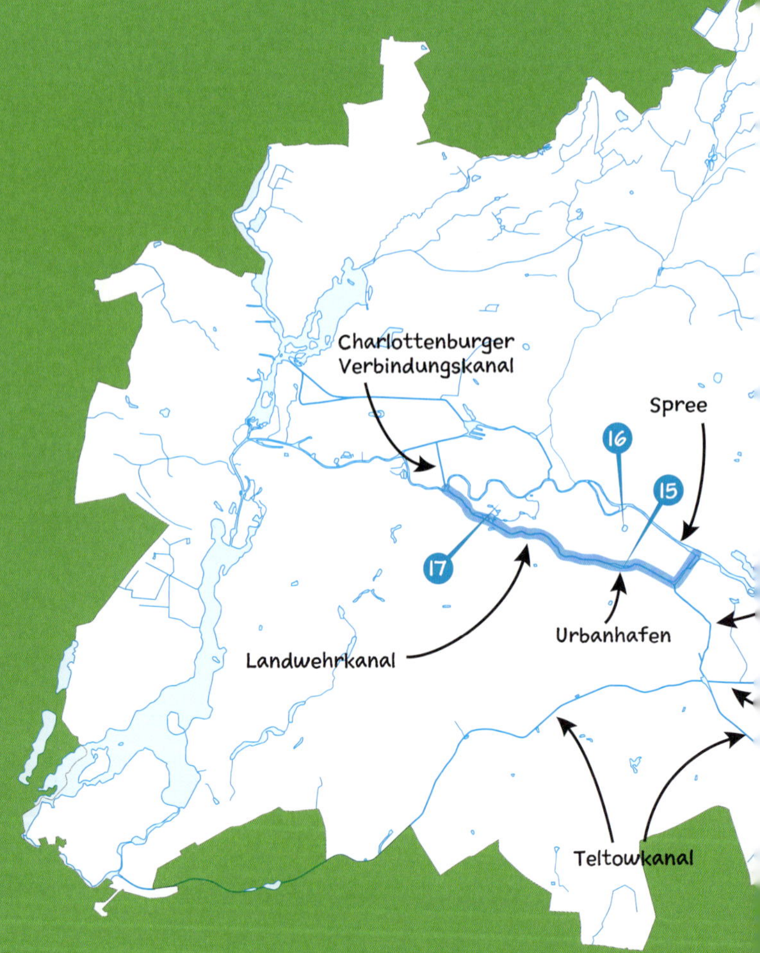

Der Landwehrkanal ist das urbanste Berliner Gewässer. Hier zeigt sich die Stadt entlang der Ufer so vielseitig, wie sie nun mal ist: Clubs und Bars, Restaurants und Cafés ziehen die einen an, Uferpromenaden, Natur pur und Denkwürdiges die anderen. Und das auf nur etwa elf Kilometern Länge. Der Kanal war um die Wende des 17./18. Jahrhunderts als Entwässerungsgraben des umgebenden sumpfigen Geländes ausgehoben worden; die uralte Bezeichnung „Landwehr" versinnbildlicht die Außengrenzen des städtischen Einflussbereiches.

Mit der aufkommenden Industrialisierung gewann diese kanalisierte Wasserader an Bedeutung. Heute führt sie als Bundeswasserstraße in großem südlichen Abstand zur Spree von der Oberschleuse am Osthafen bis zum Wasserkreuz von Spree und Charlottenburger Verbindungskanal. Der Landwehrkanal darf nur in Talfahrt von der Ober- zur Unterschleuse befahren werden, was allerdings nicht für Schlauchboote und dergleichen gilt.

# Vom Urbanhafen zum Dreiländereck

**Wo der Landwehrkanal die Grenze zwischen Kreuzberg und Neukölln bildet, spricht man auch von „Kreuzkölln". Bei einem Spaziergang am Wasser lernt man den lebendigen Stadtteil von einer ziemlich entspannten Seite kennen.**

Ein guter Ausgangspunkt ist der Urbanhafen, der heute aber keine Hafenfunktion mehr hat. Sein Becken wurde zurückgebaut, hier liegen nur noch die Restaurantschiffe van Loon, Philippa und Josephine vertäut und laden zum Schmaus auf Deck. Der Urbanhafen war in den 1890er-Jahren gegenüber der Einmündung des ehemaligen Luisenstädtischen Kanals angelegt worden, der zur Spree führte. Schon lange ist er zugeschüttet und führt heute als Spazierstrecke zum weiterhin wasserreichen, beliebten und belebten Engelbecken (► Seite 56).

Wo Kreuzberg relaxt: Blick von der Kottbusser Brücke

Unübersehbar thront am südlichen Ufer das gewaltige und fast ein wenig bedrohlich wirkende Hochhaus des Urbankrankenhauses. Auf der Dachterrasse bewirtschaften Ärztinnen und Krankenpfleger in gemeinschaftlicher Projektarbeit 35 Hochbeete – wahrscheinlich zum Ausgleich für die hohe Belastung im Beruf. Unten kreuzen Boote und Jung und Alt aalen sich auf den weiten Liegewiesen beidseits der Ufer.

## Fraenkelufer

Schräg gegenüber dem Krankenhaus runden sich die Fassaden. In den 1970er-Jahren war dies hier ein West-Berliner Problemviertel. Es ging um sanierungsbedürftige Altbauten, Abriss und Neubau und die Frage, „welche Moderne". Entworfen wurden von den Scharoun-Schülern Inken und Hinrich Baller sechs zeitlos ins Auge stechende neue Wohngebäude. Eckig vorstehende Balkone und spitze Dachgauben lassen die Fassaden neoexpressionistisch erscheinen, Antoni Gaudí lässt grüßen. Schräge Stützpfeiler verleihen den Gebäuden Dynamik, die Innenhöfe sind vegetationsreiche Gartenflächen und überdachen die darunter liegenden, unsichtbaren Verkehrswege und Garagenplätze. Die Wohnungen haben keine rechten Winkel, teilweise sind die Wände kurvig. Auch wenn man keinen privaten Zutritt hat, ist das Ensemble ein unerwarteter Hingucker.

## Admiralbrücke

Am östlichen Ende des Urbanhafens überspannt die schmiedeeiserne Admiralbrücke den Landwehrkanal. Sie verbindet das südliche begrünte Planufer, an dem sich wundervolle Altbauten aus der Gründerzeit aneinanderreihen, mit dem nördlichen Fraenkelufer. Eine von insgesamt 36 Brücken, doch diese hat es in sich – besser gesagt, auf sich. Fast schon ganzjährig bei Wind und Wetter, besonders aber in der warmen Jahreszeit, zieht sie allerlei buntes Volk an. Gute Laune wabert immer in der Luft. Es wird musiziert, gegessen, sich gesonnt, auf den Geländern abgehangen, im Schneidersitz auf dem Übergang geklönt oder Schach gespielt. Nächtens kann es schon mal zu Turbulenzen mit der Nachbarschaft kommen, wenn mit wachsendem Alkohol- oder sonstigen Pegeln die Bässe zu sehr wummern.

## Synagoge am Fraenkelufer

Am Fraenkelufer, kurz hinter der Admiralbrücke, deuten ein paar Überwachungskameras darauf hin, dass es mit dem eher unscheinbaren Gebäude mit der Hausnummer 10–16 etwas Besonderes auf sich haben muss. Es ist das erhaltene Nebengebäude einer zwischen 1913 und 1916 errichteten jüdisch-orthodoxen Synagoge, die während der Pogromnacht im November 1938 schwer beschädigt wurde und nach weiteren Kriegsschäden 1958 abgerissen werden musste. Der verbliebene Trakt ist heute Heimstadt des Jüdischen Zentrums Synagoge Fraenkelufer und hat sich das Entdecken jüdischer Kultur, Begegnungen zwischen Generationen, Religionen, Nationalitäten und die Vermittlung jüdischer Bildung auf die Fahne geschrieben, auch angesichts der stark wachsenden jüdischen Bevölkerung in Berlin. Ein kompletter Wiederaufbau der Synagoge im einstigen neoklassizistischen Baustil ist in Planung.

## Ankerklause

Wo rund 100 Meter weiter der Kottbusser Damm den Kanal überquert, liegt eine weitere Kreuzköllner Institution. Das urige Kneipen-Restaurant Ankerklause hängt mit seiner Veranda über dem Landwehrkanal. Vom Esstisch auf der Terrasse schaut man auf die verliebten Schwäne und den Schiffsverkehr hinunter. Hier befindet sich auch eine Dampferanlegestelle. Quirlig ist es besonders dienstags und freitags, wenn gleich um die Ecke der basarähnliche Wochenmarkt am Maybachufer, früher als „Türkenmarkt" bekannt, seine Stände aufschlägt.

## Paul-Lincke-Ufer

Auf den Komponisten Paul Lincke (1866–1946) geht das Musik-Genre „Berliner Operette" zurück. Aus seinem spektakulären Stück „Frau Luna", in der einfache Berliner auf dem Mond landen, stammt auch das Lied „Das ist die Berliner Luft, Luft,

Nicht nur Tomaten in Hülle und Fülle – am Maybachufer gibt es einfach alles

# Märkte am Maybachufer

**Wochenmarkt**

Gemüse in Hülle und Fülle, Obst und exotische Früchte, allerlei Meeresgetier, vielfältige Käse- und Brotsorten, To-go-Spezialitäten und vieles mehr – alles superfrisch, kostengünstig und eingebunden in wetteifernde orientalische Marktschreierei und enormes Gedränge. Kopftuch- und Kinderwagengeschwader, Entdeckungsfreudige von ganz nah und ganz fern, skurrile Typen und Normalos bereichern das Geschehen. Haushaltsartikel aller Art und internationales Kunsthandwerk runden dieses stets variierende Kaleidoskop ab, das am östlichen Marktende auch Straßenmusikanten eine Bühne bietet.

*Di und Fr 11–18.30 Uhr*

**Kunst- und Designmarkt „Neuköllner Stoff"**

Der „Markt der schönen Dinge" ist ein Open-Air-Eldorado für alle, die auf der Suche nach originellen, auch nachhaltigen Wohnaccessoires, ungewöhnlicher Kunst und experimentierfreudigem Kunsthandwerk sind. Alles stammt von Neuköllner Kreativen (oder jenen, die sich für Neuköllner halten). Einige der rund 100 Händler bieten auch außergewöhnliche Meterware aus Baumwolle, Leinen oder Seide und Kurzwaren an. Dazu gibt es Feinkost und Streetfood.

*jeden Samstag 11–17 Uhr*

**Nowkoelln Flowmarkt**

Hier wird wie anderswo auch getrödelt: mit Secondhand, Vintage-Kleidung, Sammelobjekten, kunstgewerblichen Gegenständen und gebrauchten Utensilien des täglichen Lebens.

*Apr.–Okt. alle 14 Tage So 10–17 Uhr*

Luft ...". Dieser unsterbliche Evergreen gehört zum obligatorischen Ausklang jeglichen Freiluft-Konzerts in der Waldbühne – auch bei den Berliner Philharmonikern –, und das Publikum rastet schier aus.

An der autofreien Uferpromenade parallel zur Straße gibt es Berliner Luft jedenfalls reichlich. Bis zur Hobrechtbrücke reihen sich Restaurants und kleine, interessante Geschäfte aneinander.

Zwischen Forster und Liegnitzer Straße geben sich stets etliche Passionierte die Kugel: Die öffentlichen Boule- und Bocciaplätze gehören zu den schönsten ihrer Art in Berlin. Das Paul-Lincke-Ufer endet an der Thielenbrücke, wo die Bezirke Kreuzberg und Neukölln aufeinandertreffen. Die von Wiesen und Trauerweiden gesäumte Brücke ist ein beliebter Begegnungsort, ihre breite Steinmauer lädt zum Verweilen und Schnabulieren ein: Getränke, (Bio-)Eis und besondere italienische Kleinigkeiten ersteht man direkt neben der Brücke am Pavillon mit dem charmanten kleinen Open-Air-Café – Kreuzköllner Flair pur.

## Dreiländereck

Rund 200 Meter weiter biegt der Landwehrkanal Richtung Spree ab, während Richtung Teltowkanal der Neuköllner Schifffahrtskanal abzweigt. Wechselt man vom Paul-Lincke- hinüber aufs Maybachufer und überquert dann letzteren

Chillen am Wasser: im Club der Visionäre am Flutgraben

auf der Lohmühlenbrücke, befindet man sich im sogenannten Dreiländereck. Hier stoßen die Stadtteile Kreuzberg, Neukölln und Treptow aufeinander. Die Treptower Uferseite mit Aussichtsplattform ist belebt, aber nicht überlaufen. Direkt am Ufer laden Bänke und kleine Wiesen ein, oder man ruht auf breiten, sonnengewärmten Steinen und schaut den Paddlern und Schlauchbootfahrern zu. Oder man bleibt doch auf der Kreuzberger Seite und labt sich nahe der Kreuzberger Uferspitze im gepflegten Biergarten Jockel samt lichtem, mehrräumigen Restaurant mit Aussicht auf den Landwehrkanal. Gleich nebenan wartet ein großer Spielplatz auf die Kleinen.

## Lohmühleninsel

Kurz vor seiner Mündung in die Spree zweigt vom Landwehrkanal der Flutgraben ab; dazwischen liegt die Lohmühleninsel. Am Flutgraben wird tagsüber gechillt und nachts gefeiert – hier lässt sich das Epizentrum der Kreuzberger Club- und Barszene verorten. In trauter Nachbarschaft versammeln sich unter anderem der Club der Visionäre (ein Urgestein der Berliner Techno-Szene), der Freischwimmer, das Birgit & Bier und das Æden, ein vergleichsweise neuer Club. Die wasserseitig vorgelagerte, lang gestreckte Gastro-Steganlage des Freischwimmers lässt gar Assoziationen an Bangkoks Klonk-Garküchen aufkommen. Ein ganz besonderer Ort.

**Wo:** Kreuzberg
**Anfahrt:** U Prinzenstraße

**Restaurantschiff van Loon**
Der ehemalige holländischer Frachtensegler (1914), hat eine große Wasserterrasse und ist fest im Urbanhafen verankert. Der Hafenkiosk ist im Sommer meist tgl. ab 12 Uhr offen.

*Im Urbanhafen | www.vanloon.de*

**Ankerklause**
Kreuzköllner Kultkneipe. Bunt, unprätentiös und für jedermann/-frau täglich ab 10 Uhr geöffnet.

*Kottbusser Damm 104, an der Kottbusser Brücke | www.ankerklause.de*

**Biergarten Jockel**
Großer Biergarten mit Restaurant an der Mündung des Flutgrabens in den Landwehrkanal.

*Ratiborstraße 14c | www.biergartenjockel.de*

**Freischwimmer**
Das Restaurant mit seiner wasserseitig vorgelagerten, lang gestreckten Gastro-Steganlage lässt optische Assoziationen an Bangkoks Klonk-Garküchen aufkommen. Ein ganz besonderer Ort.

*Lohmühleninsel/Vor dem Schlesischen Tor 2 | www.freischwimmer-berlin.com*

## 16 Engelbecken

# Spaziergang durchs Kanalbett

**Der Luisenstädtische Kanal verband einst den Landwehrkanal mit der Spree. Wo damals die Brühe stank, verläuft heute ein reizender Spazierweg, an dessen Ende eine Überraschung wartet.**

Seit 1852 verband der Luisenstädtische Kanal den Landwehrkanal ab Urbanhafen mit der Spree, wurde 1926 aber wegen enormer Geruchsbelästigung zugeschüttet und in eine Grünanlage umgewandelt. Er verlief quer zur Köpenicker Straße, einer der hässlichsten Berliner Verkehrsadern, und mündete in Sichtweite des Abwasser-Pumpwerks Radialsystem V (heute angesagter Kaimauer-Hotspot ▶ Seite 35). Während der Teilung Berlins war er jedoch im Friedrichshainer Abschnitt nördlich der Waldemarstraße komplett zugeschüttet und schussfeldfreier Teil des Todesstreifens.

Heute spaziert man beispielsweise vom Urbanhafen aus rund zwei Kilometer im tief liegenden ehemaligen, derweil parkähnlich veredelten schnurgeraden Kanalbett in Richtung der teilzerstörten, gleichwohl wunderbar imposanten St.-Michael-Kirche. Diese schon fest im Blick passiert man den bemerkenswerten indischen Brunnen. Er stammt aus der Vorkriegszeit und wurde anhand von 1993 geborgenen Trümmerteilen rekonstruiert.

Und dann: Ein gewaltiges Halbrund öffnet sich, flankiert von (wieder entstandenen) Häusern und birgt in seiner Mitte eine unerwartet große Wasserfläche. Der idyllische See heißt Engelbecken – die Statue auf dem Kirchendach am Ufer lässt grüßen. Das Becken wurde in den 1990er-Jahren rekonstruiert, geflutet und mit Schilf bepflanzt. Fontänen wurden installiert und der Uferbereich neu angelegt. Unterhalb des Straßenniveaus finden sich terrassierte Bereiche für ein schnuckeliges Café-Restaurant.

Wer weiter will: Geradewegs die Michaelkirchstraße entlang geht es zum Spreeufer.

**Wo:** Kreuzberg
**Anfahrt:** U Heinrich-Heine-Straße

**Café am Engelbecken**
Park-Café mit großer Terrasse am Wasser, Frühstück, kleine Gerichte, Cocktails.

*Michaelkirchplatz | www.cafe-am-engelbecken.de*

Der vergoldete Erzengel thront über dem Café am Engelbecken

# Amazonas in Berlin

**Der Große Tiergarten ist hauptsächlich als Grüne Lunge Berlins bekannt: ein riesiger Park. Doch seinen typischen Charakter erhält er erst durch die vielen verzweigten und wie verwunschenen Wasserläufe.**

Bis zu seiner Mündung in die Spree an der Grenze zu Charlottenburg passiert der Landwehrkanal etliche hochkarätige Sehenswürdigkeiten wie das Technikmuseum, das Kulturforum oder die Gedenkstätte Deutscher Widerstand im Bendlerblock. Sie alle sind schon für sich allein lohnenswerte Ausflugsziele.

Für Wasserflaneure wird es ab der Querung der – als Straßengeflecht kaum wahrnehmbaren – Herkulesbrücke an der Klingelhöferstraße wieder interessant. Mit dem markanten Glasbau der CDU-Parteizentrale geht hier das urbane

Von kleinen und großen Wasserläufen durchzogen ist der Tiergarten eine grüne Oase

Ufergeschehen behutsam in ein Parkidyll über. Vorbei geht es an grünen Picknickwiesen und dichtem Baumbestand. Dann und wann vernimmt man eigenartige Vogelstimmen. Sie schallen vom bis ans Ufer reichenden Zoo und den dortigen Freiluftvolieren herüber.

Unter der Lichtensteinbrücke erinnert ein ufernahes Denkmal an Rosa Luxemburg. Mitglieder eines deutsch-nationalen Freikorps hatten die beiden Sozialisten Rosa Luxemburg und Karl Liebknecht am 15. Januar 1919 nach schweren Misshandlungen erschossen. Ihre Leichname warf man in den Landwehrkanal. Ein Liebknecht-Denkmal befindet sich am Nordufer des Neuen Sees im Tiergarten.

Hier franst der Große Tiergarten bis ans Kanalufer aus. Umgangssprachlich nur Tiergarten genannt und oft als ehemaliger Zoo missverstanden, ist Berlins größter Park ein von zumeist kristallklaren Wasserläufen und Seen samt Inseln durchzogenes, ca. 210 Hektar großes Areal. Es entstand im 16. Jahrhundert als kurfürstliches Jagdrevier – daher die Bezeichnung. 1742 unter Friedrich II. als „Lustpark" der Öffentlichkeit zugänglich gemacht, führen hier heute nicht nur Hase, Habicht und Dachs ein freies und friedliches Leben. In den lagunenartigen Gewässern tummeln sich bunte Mandarinenten und sogar Rotwangenschildkröten im Uferbereich der Rousseauinsel.

Seit ein paar Jahren haben sich hier (und in anderen Berliner Gewässern) exotische Krebse ausgebreitet. Die etwa handtellergroßen Roten Amerikanischen Sumpfkrebse werden gern in Aquarien gehalten; viele wurden vermutlich ausgesetzt und vermehrten sich zunächst weitestgehend unbemerkt. Als ein Fischer erstmals die Genehmigung zum Fang in den Parkgewässern erhielt, gingen ihm im ersten Jahr rund 38 000 Krebse ins Netz. Die Tiere werden inzwischen als regionale Delikatesse verkauft. Beheimatet ist *Procambarus clarkii* eigentlich im Süden der USA und in Nordmexiko. Ob Berlin die Tiere je wieder ganz los wird, gilt als fraglich. Weil sie alles vertilgen, was ihnen vor die Scheren kommt, von Schnecken über Regenwürmer bis hin zu Artgenossen, gelten sie als Gefahr für heimische Arten und Ökosysteme.

Die Natur des Tiergartens lässt sich wunderbar auch vom Wasser aus erleben: Der Ruderbootverleih am Neuen See, gleich bei dem idyllischen und sehr beliebten Restaurant und Biergarten-Café am Neuen See macht's möglich. Man vergisst im Handumdrehen, das heißt mit jedem Ruderschlag, dass die laute und turbulente, hier aber unsichtbare City-West eigentlich direkt vor dem Bug liegt. Umgekehrt kommen ahnungslose Berlinbesucher (und auch manch ein Berliner) nicht auf die Idee, dass sich hinter dem dichten Baumbestand der breiten und stark

Mal gärtnerisch angelegt …

… mal naturnah und wild

befahrenen Straße des 17. Juni eine Landschaft wie im Amazonasbecken auftut.

## Schleuseninsel

Zurück zum Landwehrkanal. Wo die Bahngleise das Gewässer überqueren, liegt die Schleuseninsel mit der Unterschleuse, durch die Ausflugsschiffe, Freizeitkapitäne und Paddler gelotst werden. Sie ist das Gegenstück zur Oberschleuse am Flutgraben in Kreuzberg. Vom Tiergartenufer fällt der Blick auf die unübersehbare gebogene rote Riesenröhre, die durch einen mächtigen blauen Quader „kriecht". Das ist kein überdimensionales Kunstwerk, sondern die Umlaufkanal-Röhre der Versuchsanstalt für Wasser-, Erd- und Schiffbau (VWS), die auf die „Preußische VWS" von 1903 zurückgeht. Die Anlage mit der 120 Meter langen Tankkonstruktion dient Versuchen zur Strömungs- und Schiffstechnik. Im dritten Obergeschoss befindet sich die eigentliche Messstrecke. Hier werden Schiffsmodelle dem Druck des mit bis zu zehn Metern pro Sekunde vorbeifließenden Wassers ausgesetzt. Die VWS wurde nach der Schließung als selbstständiger Betrieb am 1. Januar 1995 als Zentraleinrichtung in die Technische Universität Berlin eingegliedert.

Am Ufer gegenüber der Röhre lässt Amsterdam grüßen. Von Bäumen straßenseitig abgeschirmt an-

S-Bahnbrücke an der Unterschleuse

kert eine kunterbunte Hausbootkolonie, die mit dem grandiosen Charlottenburger Tor auf der nur wenige Meter entfernten Verkehrsachse 17. Juni einen originellen Nachbarn hat. Hier, weit unterhalb des Straßenniveaus, lassen sich auf einem ehemaligen, 33 Meter langen Zementtransportschiff Fischspezialitäten im Schiffsrestaurant Capt'n Schillow genießen.

Auch auf der Schleuseninsel kann man einkehren. Quer über den Steg und die Inselspitze hinweg landen Einheimische wie Besucher in einem der schönsten Berliner Biergärten an, dem Schleusenkrug. Ob die Sonne vom Himmel brettert, der Indian Summer den Tiergarten mit allen Farbtönen berauscht oder Ski-Langläufer durch den Winterwald staken – dieser Biergarten samt Restaurant-Café am Rand des Parkgeländes ist der einzige der Stadt, der rund ums Jahr geöffnet hat und er ist angesagt bei Jung und Alt.

Wer am Landwehrkanal im Bereich des Charlottenburger Tors an Wochenenden unterwegs ist, macht bestimmt noch einen Abstecher zu einem der größten und traditionsreichsten Floh- und Trödelmärkte Berlins mit angeschlossenem Kunst- und Kunsthandwerkermarkt.

So oder so sind es von hier nur rund 250 Meter bis zum S-Bahnhof Tiergarten, von wo man bequem den Rückweg antreten kann.

Oben Magistrale, unten Idylle: Das Restaurantschiff am Charlottenburger Tor

**Wo:** Tiergarten
**Anfahrt:** S Tiergarten

### Café am Neuen See mit Bootsverleih

Landhaus und Biergarten im Tiergarten. Ganztägig saisonale Küche, vom Frühstück bis zum Cocktail.

*Tgl. 9–22, Biergarten: 11–23 Uhr | Ruderbootsverleih: Mo–Fr 12–21, Sa/So/Fei 10–21 Uhr | 12 €/Stunde | www.cafeamneuensee.de*

### Schleusenkrug

Restaurant und Biergarten mit Markise. Schnitzel, Bratwurst, beliebte lokale Speisen.

*Am Ende der Müller-Breslau-Straße bzw. von der Str. des 17. Juni erreichbar | www.schleusenkrug.de | tgl. 12–22 Uhr*

### Restaurantschiff Capt'n Schillow

Brathering und Matjes aus fangfrischem Fisch oder Berliner Gerichte wie Rote Grütze. Sonnenplätze an Deck.

*Straße des 17. Juni 113 | www.capt.schillow.de | Mo/Di geschlossen*

### Trödel- und Flohmarkt

Der meist sehr belebte Trödelmarkt samt Imbiss-Ständen erstreckt sich ab S Tiergarten entlang der Straße des 17. Juni. Eingegliedert ist der Kunst- & Kunsthandwerkermarkt Berlin.

*www.berlinertroedelmarkt.com | Sa/So 8–15 Uhr*

Rosa Riesenröhre für Versuche zum Strömungsverhalten

# Der Teltow-kanal

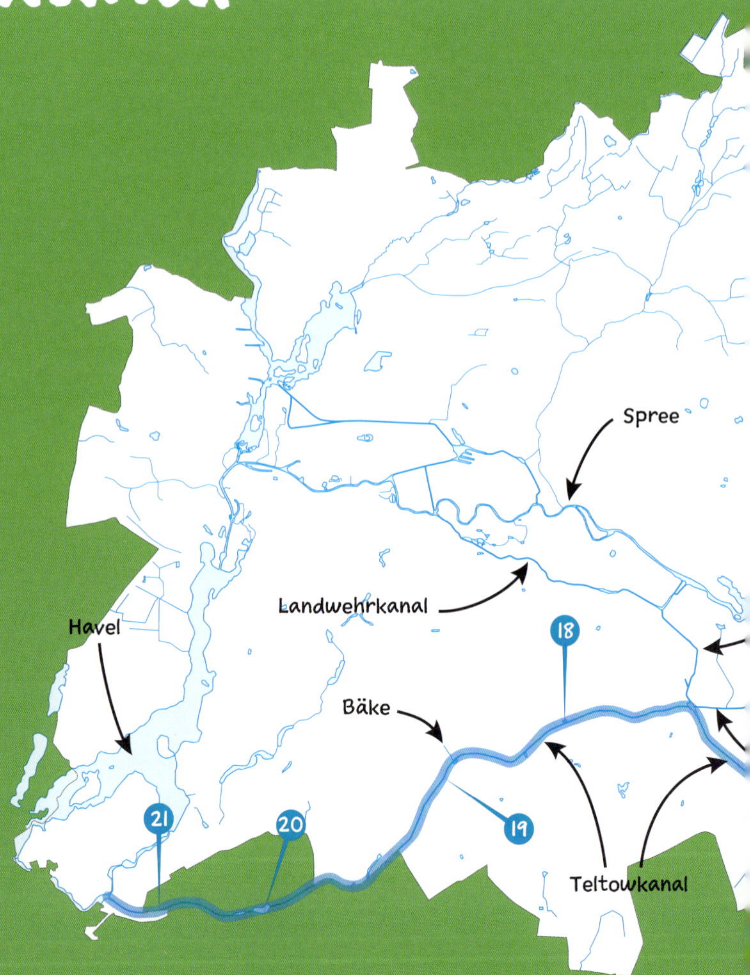

Angelegt mit dem Ziel, den sich in Berlin stauenden Schiffsverkehr zu entlasten, verbindet diese wichtige Wasserstraße seit 1906 die Havel mit der Spree zwischen Klein Glienicke und Grünau. Angeregt hatte das Projekt der Landrat des Teltower Lands Ernst von Stubenrauch, der sich davon auch eine Aufwertung des von ihm vertretenen Landstrichs versprach. Streckenweise nutzt der Kanal das Bachbett des heute nahezu verschwundenen Flusses Bäke, der größte Teil der rund 40 Kilometer langen Strecke musste aber während der sechs Jahre Bauzeit neu gegraben werden. An beiden Ufern verlegte man Gleise, um die antriebslosen Kähne per Elektrolok treideln zu können – sauber und lärmschonend für die Anwohner.

Besonders in seinem südwestlichen Abschnitt, wo der Kanal kurz die Grenze zu Brandenburg bildet, laden die grünen Ufer zu ausgedehnten Spaziergängen oder auch Radtouren ein. Begleitet wird man dabei heute wieder von großen Lastkähnen, denn seit dem Mauerfall ist der Teltowkanal als Wasserstraße wieder in Gänze befahrbar.

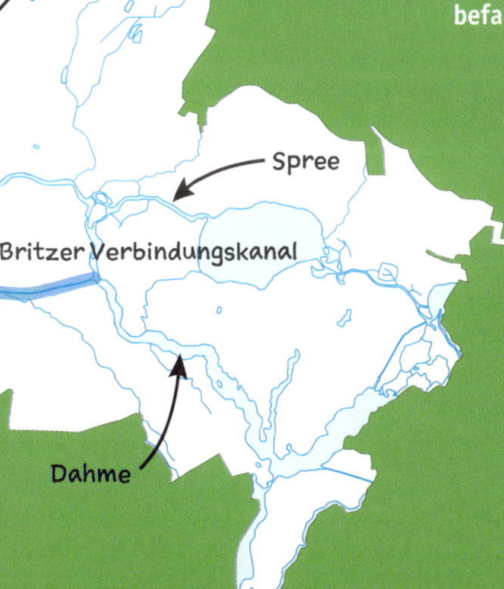

# Tempelhafen

**Wer ihn nicht kennt, weiß nicht, was sie oder er versäumt hat, nämlich das charmanteste nautische Berliner Industriedenkmal.**

Vom etwa acht Meter höher gelegenen Straßenniveau des vorbeiführenden Tempelhofer Damms bemerken ihn Ortsunkundige vielleicht noch nicht einmal. Allenfalls der abgerundete Gebäudeblock Ecke Ordensmeisterstraße weist mit großen Lettern auf ihn hin: Tempelhofer Hafen.

Er wurde 1906 zeitgleich mit dem Teltowkanal eröffnet, dessen Teil er auch ist. Der damals moderne Hafen mit einer neuartigen maschinellen Transport- und Wiegeanlage war (und ist) gesäumt von imposanten Speichergebäuden für Zucker, Getreide und Tabak. Dank eines Eisenbahnanschlusses gelangten die ankommenden Güter schnell

Versteckte maritime Idylle

in die Umgebung. Damit sicherte der Hafen die Versorgung des Berliner Südens und den wirtschaftlichen Aufschwung Tempelhofs.

2007 wurde der Hafen samt Speichergebäuden sowie historischer Krananlagen und der Wiegestation restauriert und rekonstruiert. Eine Shopping-Mall, Büros und Arzt-Praxen sind eingezogen und statt beladener Finowmaßkähne machen hier Jachten, Freizeitboote und Restaurant-Schiffe fest. Wer nicht mit der U-Bahn vorfährt, kommt eben mit der Motorjacht oder mit dem Segelboot zum Shopping! Die Kai-Anlagen werden gastronomisch gesäumt von Cafés und Restaurants sowie einer ausgedehnten Strandbar auf der Mole.

Im Süden überragt der charakteristische kantige Turm des (ehemaligen) Ullsteinhauses das Hafenambiente. Der rotbraune Gebäudekomplex wurde in den 1920er-Jahren als Verlags- und Druckhaus im Stil des Backstein-Expressionismus erbaut. Heute dient er von Gastronomie bis Büros anderen Zwecken.

**Wo:** Tempelhof
**Anfahrt:** U Ullsteinstraße

**Fischrestaurant Marti**
Charmanter Fischkutter im Hafenbecken. An rustikalen Holztischen über Deck wird Maritimes serviert.
*Tempelhofer Damm 227 | www.marti-fischrestaurant.com*

# Entlang der Wasserstraße

**Auf dieser kürzeren Schlenderei zwischen Bäkepark und Emil-Schulz-Brücke begegnet man Hinweisen auf einige Berliner technische Errungeschaften.**

Gegenüber dem Eingang vom Charité Klinikum Benjamin Franklin in der Klingsorstraße breitet sich vom Nordosten her der Bäkepark aus. Bäke – das ist eine Berliner Wasserader, die scheinbar nur dem Namen nach existiert. Doch siehe da: Am westlichen Rand des Bäkeparks verläuft ein tiefer liegender Graben, in dem das Wasser nicht nur murmelt, sondern mitunter eine recht heftige Strömung aufweist. Die Bäke – sie lebt! Sie entspringt am Südhang des Steglitzer Fichtenbergs und wird heute unterirdisch bis zum besagten Park geführt, unterquert die Klingsorstraße durch eine selten wahrgenommene steinerne Rund-

Abstecher in den Schlosspark Lichterfelde

bogenbrücke, weitet sich in den renaturierten Bäketeich und mündet in den Teltowkanal.

Man spaziert zunächst Richtung Westen, links unterhalb tuckern Lastschiffe, gegenüber liegt der kleine Hafen vom Motor-Rennboot-Club Berlin e. V. und dahinter ragt der ockerfarbene turmartige Aufbau des Energiemuseums Berlin in einem stillgelegten Heizkraftwerk in den Himmel. Rechts oberhalb des Wegs reihen sich die Gebäudetrakte des 1968 eröffneten Klinikums Benjamin Franklin aneinander mit charakteristischen, spitzwinklig ineinander verzahnten Fassadenelementen, „Screen" genannt, und seinerzeit die moderne Version kostensparender Wärmedämmung. Davor die Heli-Plattform, wo fast auf Armeslänge vor aller Augen ein gelber ADAC-Rettungshubschrauber startet oder landet, der Helikopter mit den deutschlandweit meisten Einsätzen.

Zwischen Kinderwagen-Familien, Pärchen, Spazierenden und normalen Pedaltretern rasen mitunter ‚Kampfradler' wie irre geworden im Zickzack durch die Gemächlichkeit. „Kein Radschnellweg am Ufer" liest man auf manch glatte Stelle gesprüht. Ein Schild weist den Weg zum Schlosspark Lichterfelde, einer ausladenden Grünanlage mit dem adretten neoklassizistischen Carstenn-Schlösschen, einem ehemaligen Gutshaus, das um 1780 auf einem älteren Vorgängerbau errichtet

Denkmal zu Ehren des Otto Lilienthals

wurde. Das Schlösschen wird vom Stadtteilzentrum Steglitz e. V. genutzt, ein (Terrassen)-Café lädt zu zwanglosem Aufenthalt ein.

Ein paar Meter weiter erkennt man hinter Bäumen den „Mäusebunker", früher das Tierversuchslabor der Freien Universität. Mit Brutalismus ist der Architekturstil passend beschrieben – eine Ikone der Westberliner Nachkriegsmoderne!

Hinter der Bäkebrücke taucht unübersehbar das einstige Ölkraftwerk Lichterfelde auf. Es ist seit Ende 2019 stillgelegt und wird bis 2025 rückgebaut. Als neues Heizkraftwerk wird es eine effiziente und ressourcenschonende Versorgung des Berliner Südwestens mit Strom und Stadtwärme gewährleisten. Der Ausstoß von Kohlendioxid reduziert sich um 170 000 Tonnen pro Jahr.

Nach dem Überqueren der Emil-Schulz-Brücke fällt ein riesiger Schneewittchensarg ins Auge. In dieser musealen Vitrine steht eine alte Siemens-E-Lok in Erinnerung die zwanzig Exemplare dieser Art, die an den beschienten Ufern die antriebslosen Schleppkähne „treidelten", also zogen. Diese elektrifizierte Form des Treidelns wurde am Teltowkanal weltweit erstmals angewandt. Später wurde sie am Panamakanal übernommen. Das ging so bis 1945. Neben der Lokomotive pflügt sich ein ankerbewehrter Schiffsbug durchs Pflaster, gleichfalls als Reminiszenz an jene Zeiten.

Blick von der Emil-Schulz-Brücke

Gewissermaßen im Rückwärtsgang geht es nun auf der anderen Kanalseite weiter. Wieder an der Bäkebrücke reckt sich ein übermannsgroßer nackter, geflügelter Jüngling auf einem Sockel empor: eine Statue in Erinnerung an Otto Lilienthal, den ersten Flieger der Welt (1848–1896). Der Physiker Lilienthal hatte eigentlich gerade nicht den „Vogelmenschen" im Sinn gehabt, der sich mit künstlichen, an den Armen befestigten Flügeln wie Dädalus und Ikarus zum Firmament emporschwingt. Seine Wirkungsstätte waren vielmehr Anhöhen in der im Prinzip flachen Berliner Umgebung, von denen er mit seinen Gleitflugapparaten starten konnte. Den von ihm „Fliegeberg" genannten Hügel in Lichterfelde, Bezirk Steglitz, hatte er sich eigens aufschütten lassen als im Wortsinn ersten ‚Flug-Platz'. Seine epochale Entwicklung, das gewölbte Tragflügelprofil, erblickte in Lichterfelde das aerodynamische Licht der Welt. Fliegen war von nun an erlernbar.

Auf der weiten Liegefläche zu Füßen von Otto Lilienthal am Uferweg kann DiscGolf praktiziert werden, eine vor allem in Skandinavien und Nordamerika populäre Trendsportart. Eine Frisbeescheibe ersetzt dabei als Sportgerät Golfschläger und -ball und die Spielenden versuchen, mit möglichst wenigen Würfen die Scheibe vom Abwurfpunkt in den Korb zu befördern.

**Wo:** Steglitz
**Anfahrt:** U Rathaus Steglitz, ca. 700 Meter bis zum Eingang zum Bäkepark über Oberlinstraße
**Strecke:** Bis zur Emil-Schulz-Brücke und zurück rund 7 Kilometer

**Gutshaus Lichterfelde**

Soziokulturelles Zentrum mit Nachbarschaftscafé. Es gibt belegte Brötchen oder selbst gebackenen Kuchen.

*Hindenburgdamm 28 oder Schlosspark Lichterfelde via Teltowkanal | www.stadtteilzentrum-steglitz.de/gutshaus-lichterfelde | Café Di–Do bis 16 Uhr*

**Tomasa Parkcafé**

Elegantes Café-Restaurant in einer herrschaftlich anmutenden, mit großen Kristalllüstern geschmückten Villa. Terrassierter Außenbereich umgeben von den hohen Bäumen des Bäkeparks.

*Bäkestraße 15 | www.tomasa.de | tgl. ab 9 Uhr*

# Schloss und Schleuse

**Wo der Teltowkanal durch den Machnower See fließt, ist man nicht mehr auf Berliner Stadtgebiet. An seinem westlichen Ende befindet sich mit der Machnower Schleuse ein sehenswertes Industriedenkmal.**

Sie ist ein echter Hin- bzw. Hinuntergucker: die Schleusenanlage in Kleinmachnow/Stahnsdorf. Von der Brücke am Stahnsdorfer Damm aus können Schaulustige das Schleusenkammer-Geschehen verfolgen. Baubeginn der architektonisch reizvollen und längst unter Denkmalschutz stehenden Anlage war 1901.

Außerdem befindet sich hier die Endhaltestelle der 1961 stillgelegten Straßenbahnlinie 96, einst aus Berlin-Mitte kommend. Nur noch ein Oldtimer-Wagen der BVG steht auf echten Gleisen an echter Haltstelle bereit zum Einstieg. An Wochen-

Am Ende des Machnower Sees thront die imposante Schleusenanlage

enden öffnet ein „Schaffner" vom hiesigen Heimat- und Kulturverein die Türen des wunderbar gepflegten Waggons und gibt gern weitere Auskünfte zur Geschichte der Bahn.

Der Machnower See lässt sich auf einem schönen Spaziergang von der Schleuse aus via Friedensbrücke am Ostende umrunden. Der nördliche Uferweg schlängelt sich unterhalb eines dicht bewaldeten Höhenzugs entlang, vorbei an kleinen Badestellen. Man sollte auch mal den schmalen Weg nach oben kraxeln und wird staunen, auf eine Burg zu stoßen! Die Neue Hakeburg wurde zwischen 1906 und 1908 für einen Herrn von Hake im neoromanischen Stil errichtet. Der beeindruckende Gebäudekomplex hat aber auch eine komplexe Geschichte: Ab 1938 im Besitz der Deutschen Reichspost, u. a. genutzt als SS-geleitetes Forschungs- und Versuchszentrum; nach dem Zweiten Weltkrieg Parteihochschule der SED, dann Gästehaus der SED (Michail Gorbatschow, Yassir Arafat). Nach der Wende erst Hotel, dann Übernahme durch die Deutsche Telekom, langer Leerstand und Filmkulisse, zwischendurch beanspruchte die selbsternannte „Exilregierung der Mikronation Sealand" den Bau. 2020 erwarb eine Investorengruppe die Immobilie, um sie denkmalgerecht mit Eigentumswohnungen zu sanieren. Ein langer Weg führt hinab zum mittelalterlich wirkenden Torhaus Hakeburg und zur Friedensbrücke.

**Wo:** Kleinmachnow
**Anfahrt:** Haltestelle Am Hochwald: Bus 620 ab S Wannsee, Bus 623 ab S Zehlendorf oder Haltestelle Hakeburg: Bus 622 ab U Krumme Lanke

★ **Straßenbahn Linie 96**
Triebwagen dieses Typs rollten noch bis Anfang der 1970er-Jahre durch Ost-Berlin. Dieser fand 2009 am Ort der einstigen Endhaltestelle seine neue Bestimmung als begehbares Museumsobjekt zum Thema Straßenbahngeschichte in der Region.

*Apr.–Okt. Sa/So 13–18 Uhr*

21 Albrechts Teerofen

# Durchs Niemandsland

**Zugegeben: Für diesen Ausflug in die Historie des geteilten Berlins muss man sich schon nach jwd begeben.**

Los geht's am S-Bahnhof Griebnitzsee. Über die Rudolf-Breitscheid-Straße ist nach rund 500 Metern der Teltowkanal erreicht. Hier fällt die Entscheidung: Geradeaus über die Böckmannbrücke kommt man zu dem schönen Ausflugslokal Söhnel Werft. Oder man geht schon vorher rechts über Bäkestraße und Kremnitzufer am Teltowkanal entlang nach Albrechts Teerofen. Der Ortsame hat mit den umgebenden Kiefernwäldern zu tun, aus deren harzreichem Holz seit dem Hochmittelalter Pech und Teer in Teeröfen hergestellt wurden. Nach dem Siebenjährigen Krieg (1756–1763) erlangte ein gewisser Albrecht das lukrative Recht, einen großen Teerofen zu errichten.

Albrechts Teerofen ist Berlins südwestlichster Zipfel. Bis zur Wiedervereinigung ragte diese Landzunge in die DDR, im Norden begrenzt durch den Teltowkanal, in dessen Mitte die Grenze verlief. Die Verlängerung der West-Berliner Avus führte ab dem Zehlendorfer Autobahn-Kleeblatt zum Grenzübergang Drewitz/Dreilinden, gefürchtet bei der Ausreise aus West-Berlin wegen der unkalkulierbar langen Wartezeiten bei der Grenzabfertigung durch DDR-Uniformierte. Hatte man diese erfolgreich absolviert, ging es ein paar Kilometer durch DDR-Gebiet. Das war eine Art grenzgesichertes Niemandsland und für DDR-Bürger nicht zugänglich. Die Trasse führte zum besagten „Zipfel" mit seiner Autobahnbrücke über den Teltowkanal. Dieser Brückenschlag ist als West-Berliner Kontrollpunkt Dreilinden (Polizei, Zoll) und als alliierter Checkpoint Bravo in die Geschichte eingegangen. Von dort ging es dann wieder auf DDR-Gebiet, weiter zum Berliner Ring und auf die Transitstrecken nach Westdeutschland.

An der Teltowkanalbrücke bei Albrechts Teerofen gab es Fluchtversuche. Flüchtende versuchten hier schwimmend zum West-Berliner Brückenkopf zu gelangen. Davon zeugen Mahn- und Erinnerungstafeln. Der DDR-Regierung war diese Streckenführung ein Dorn im Auge. Der Autobahnabschnitt wurde 1969 stillgelegt und durch eine weite Umfahrung des Westberliner „Zipfels" und neue Grenzanlagen ersetzt (die A115, wie wir sie heute kennen).

Die alte Autobahnbrücke führte einst von Ost nach West

Erinnerungstafel am Beginn der alten Autobahntrasse – heute ein idyllischer Waldweg

Die alten Kontrollbauten sind nicht mehr vorhanden. Auf der Brücke erinnern aber noch Fahrbahnmarkierungen an jene Zeit sowie drei karge Masten, an denen die Flaggen der Westalliierten wehten. Erhalten geblieben ist auch das Gebäude der Raststätte Dreilinden im Bereich der früheren Kontrollanlagen auf der Westseite in Albrechts Teerofen. Der 1952 eröffnete Holzfachwerkbau war zunächst eine einfache Gaststätte für Fernfahrer und Kontrollpunktbeschäftigte. Nach der Schließung des Kontrollpunktes wurde er als Gaststätte des nahen, ebenfalls auf West-Berliner Gebiet liegenden Campingplatzes genutzt. Seit dessen Schließung 2004 ist das vom Zahn der Zeit gezeichnete Gebäude geschlossen, steht aber unter Denkmalschutz.

Die alte Trasse wurde 1999/2000 renaturiert, Beton und Asphalt entfernt. Als Schneise und angenehmer Spazierweg zieht sie sich durch den Wald. Man passiert die mit farbenfrohen Graffiti verzierte alte Eisenbahnbrücke der Stammbahn, Preußens erster Eisenbahnstrecke, die ab 1838 Berlin mit Potsdam verband. Hier kann man zum parallel verlaufenden Königsweg hinüberscheren, der dem ehemaligen Grenzverlauf folgt. Der abzweigende Teerofenweg ermöglicht eine Unterquerung der Gleise zwischen Wannsee und Griebnitzsee. So gelangt man zur Kohlhasenbrücker Straße bzw. zur Alsenbrücke zwischen Stölpchensee und Pohlesee (► Seite 128). Je nach Laune an den Gewässern entlang oder durch den Ortsteil Wannsee erreicht man dann den S-Bahnhof Wannsee.

**Wo:** Zehlendorf, OT Wannsee
**Anfahrt:** S Griebnitzsee oder Bus 118 bis Kohlhasenbrück
**Strecke:** bis S Wannsee ca. 10 km

**Söhnel Werft**
Vor über 90 Jahren begann Alfred Söhnel hier am Teltowkanal Boote zu bauen. Heute präsentiert sich die Werft mit Partyflößen und als Event-Location, es gibt aber auch ein Restaurant und einen sonnigen Biergarten am Wasser.

*Neue Kreisstraße 50 | www.soehnel-berlin.de*

## Moritzberg

Zum Moritzberg führt ein weiterer Abstecher, den man vom Biergarten der Söhnel Werft aus unternehmen kann. Man folgt dem Uferweg am Prinz-Friedrich-Leopold-Kanal entlang und überquert die Hubertusbrücke auf die Insel Wannsee. Linker Hand schlängeln sich nun zahlreiche Wege für Fußgänger und Radfahrer durch das ziemlich hügelige und bewaldete Gelände. Zum Beispiel auf den fast 100 Meter hohen Moritzberg mit Aussichtsplattform (hin und zurück: etwa 1,5 bis 2 Stunden). Nichts deutet mehr darauf hin, dass das ausgedehnte und vegetationsreiche Areal mal die Mülldeponie Wannsee war.

Nach dem Zweiten Weltkrieg wurden bis 1960 zunächst metertief Sand und Kies abgebaut, zwischen 1958 und 1979 dann knapp 29 Mio. Kubikmeter Abfälle abgelagert – aus Haushaltungen, Gewerbe, Industrie, darunter auch flüssige Sonderabfälle. Diese wurden bis Ende 1983 mit ca. 4 Mio. Kubikmeter Boden und Grobschutt abgedeckt und anschließend aufgeforstet.

Das entstehende Deponiegas wurde zunächst mit einer europaweit einmaligen und fortschrittlichen Technologie in einem Blockheizkraftwerk zu Strom und Wärme umgewandelt. Seit 2000 wird das Deponiegas nur noch thermisch verwertet, um zusammen mit Erdgas Wärme zu liefern für das nahegelegene Helmholtz-Zentrum Berlin für Materialien und Energie.

# Die Panke

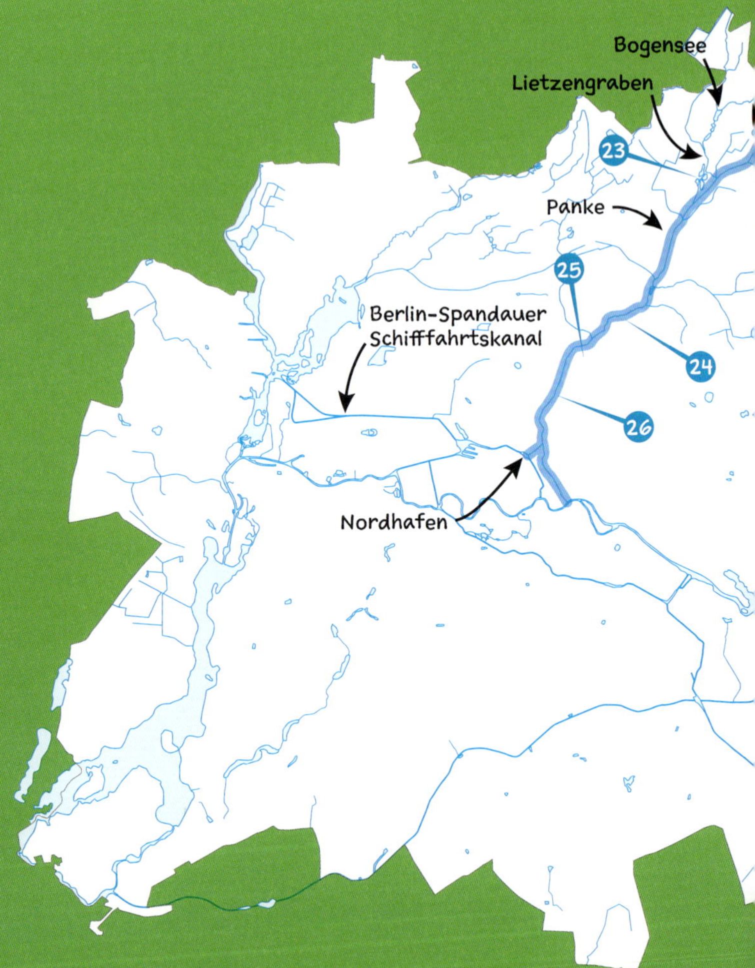
Bogensee
Lietzengraben
23
Panke
25
Berlin-Spandauer
Schifffahrtskanal
24
26
Nordhafen

Im Naturpark Barnim bei Bernau, nordöstlich von Berlin, entspringt die 29 Kilometer lange Panke, mal Bach, mal Fluss. Schiffbar ist sie nicht, dafür beginnt an der Quelle ein schöner Rad- und Wanderweg. Die Panke erreicht das Berliner Stadtgebiet im Stadtteil Buch, fließt weiter durch Pankow, das ihr seinen Namen verdankt, und passiert anschließend den Wedding, bevor sie im Nordhafen in den Berlin-Spandauer Schifffahrtskanal mündet. Sie ist damit Berlins drittlängster Fluss.

Lange Zeit war die „Stinke-Panke" nur eine Art sich hinziehendes Auffangbecken für die Abwässer, die sich aus Mietskasernen wie denen im Arbeiterbezirk Wedding hinein ergossen. Doch seit einigen Jahrzehnten wurde das Ufer parkartig umgestaltet, auch wiederhergestellte mäanderartige Flussverläufe sind Bestandteil der Renaturierung. Längst haben sich also der Ruf und Charakter dieses ungewöhnlichen Wasserlaufs verändert und die Panke trumpft mit teilweise romantischen Idyllen auf.

# Barockes Kleinod und verwunschenes Grün

**Der der etwa 13 Hektar große Schlosspark Buch ist ein idyllisches Gartendenkmal. Schöne Spaziergänge kann man hier zu jeder Jahreszeit unternehmen.**

Hier im Stadtteil Buch erreicht die Panke das Berliner Stadtgebiet und darf sich gleich im alten Schlosspark in Szene setzen. Sie fließt hindurch, auch unter der vermutlich kleinsten metallenen Brücke Berlins mit einer Spannweite von knapp zwei Metern und macht ihn zu einem grünen Idyll. Allein: Kein Schloss in Sicht, obwohl ein repräsentatives barock-geschwungenes Eingangsportal darauf schließen lässt.

Schloss Buch wurde in der DDR aus politisch-ideologischen Gründen erst teilweise abgerissen, dann 1964 gesprengt, obwohl es den Zweiten Weltkrieg fast unbeschadet überstanden hatte. Heute steht dort

Bald wieder mit Turm: die barocke Schlosskirche in Buch

eine Skulptur. Errichtet wurde in jener Zeit ein Sowjetisches Ehrenmal am Parkrand.

Schloss und Parkanlage entstanden zu Beginn des 17. Jahrhunderts. Um 1670 erwarb ein Freiherr von Pölnitz, vermutlich holländischer Herkunft, das Ensemble und ließ es nach seinen Wünschen umgestalten, samt holländischem Barockgarten und einem für die Fischzucht geeigneten Kanalsystem. Weitere Besitzer folgten und verwirklichten ihre eigenen unterschiedlichen Gestaltungsideen. Seit dem Verkauf des Areals an die Stadt Berlin Ende des 19. Jahrhundert war es für die Bevölkerung zugänglich. Heute ist der Schlosspark Buch auch Teil des Natura-2000-Gebiets, eines EU-weiten Netzes von Natur- und Artenschutzgebieten.

## Schlosskirche Buch

Wenngleich das Schloss perdu ist, prunkt doch ein anderer Bau: die ehemalige Schlosskirche. Der Ost-Berliner Magistrat ließ sie seinerzeit völlig vergammeln. Erst zwischen 1995 und 2000 erfuhr der in Berliner Gefilden einzigartige Barockbau eine umfassende Fassadenrestaurierung. Heute ist die pastellrot und weiß abgesetzte Kirche ein Schmuckstück, allein zum Wiederaufbau des Turmes hat es nicht gereicht, doch das wird nun nachgeholt – die Bauarbeiten haben 2022 begonnen!

Stellenweise ist es ein bisschen schummrig im Schlosspark Buch

Nach der Seele folgt der Leib. Nur ein paar Schritte von der Schlosskirche entfernt und fast an der Stadtgrenze gelegen tut sich ein Ort der Entspannung auf. Mitten im Grünen empfängt das schön erhaltene, gleichwohl restaurierte alte Stadtgut Berlin-Buch seine Besucher. Heute beherbergt es das Restaurant Zum Speicher. Neben dem riesigen Veranstaltungsort Feste Scheune befinden sich hier noch die Ateliers des Künstlerhofs und ein Hotel.

## Moorlinse

Während der Schlosspark Buch sich gleich hinterm S-Bahnhof Buch östlich der Gleise erstreckt, liegt auf der anderen Seite und rund 300 Meter weiter südlich ein interessantes Feuchtgebiet: die Moorlinse (nicht -insel!). Das war eine trockene Senke, in der sich ab Mitte der 1990er-Jahre immer mehr Wasser sammelte, da das Wasserwerk Buch zunehmend seine Förderung zurückfuhr, Wasserabflussrohre in diesem Gebiet zusehends versandeten und so kein Wasser mehr abfließen konnte. Erfreulicher Effekt: Mit steigendem Pegel siedelten sich die ersten Amphibien an. Inzwischen ist mit dem Wasserstand die Artenvielfalt weiter gestiegen. Unter anderem Kröten, Frösche, Eidechsen und Ringelnattern haben hier ihr Habitat gefunden. Diverse Vögel brüten an dem kleinen Gewässer oder machen

Grüner wird's nicht: das Naturschutzgebiet Bogenseekette

dort Rast. Eine Beobachtungplattform schafft gute Übersicht.

Unweit der Moorlinse öffnet der pädagogisch betreute Abenteuerspielplatz Moorwiese seine Pforten, Anlaufstelle für Kinder und Jugendliche, die selbständig nachmittags kommen wollen. Hier können sie Hütten bauen, draußen spielen, Tiere pflegen oder sich handwerklich ausprobieren.

## Bogenseekette und Lietzengrabenniederung

Wer den Spaziergang noch ausdehnen möchte, findet etwa zwei Kilometer weiter westlich die Naturschutzgebiete Bogenseekette und Lietzengrabenniederung. Auch diese sind wichtige Rückzugs- und Brutgebiete für Wasservögel – und ein Eldorado für jene, die diese gern beobachten, zum Beispiel von der Beobachtungsplattform am Bogensee. Aber auch der alte Waldbestand bietet Spaziergängern Naturgenuss pur, im Frühjahr und Herbst sind die Farben besonders schön.

Hinter den Seen beginnen die Nass- und Feuchtwiesenlandschaften der Lietzengrabenniederung. Zur Landschaftspflege kommen hier robuste Rinderarten in extensiver Haltung zum Einsatz. Zu erreichen ist das Naturschutzgebiet über die Wiltbergstraße (von S Buch). An der Kreuzung Hobrechtsfelder Chaussee führen mehrere Weg hinein.

**Wo:** Buch
**Anfahrt:** S Buch

 **Schlosskirche Buch**

Die Kirche im Barockstil ist eine Rarität in Berliner Gefilden. Sie wurde 1731–1736 errichtet, zeitgleich mit dem Umbau des Schlosses Buch für den damals neuen Besitzer.

*Alt-Buch 36 | www.schlosskirche-berlin-buch.de*

**Restaurant Zum Speicher**

Saisonale Gemüse und Kräuter stammen vom Öko Gut Buch, wo Menschen mit Beeinträchtigungen arbeiten.

*www.restaurant-stadtgut-berlin-buch.de | Do–So 12–20, Mi 14–20 Uhr*

**Restaurant Il Castello**

Direkt am Schlosspark Buch, italienisches Restaurant in einem historischem Gebäude. Großer Biergarten.

*Karower Str. 1 | www.il-castello-berlin.de*

# Naturidyll im Berliner Norden

**Libellen zischen übers Wasser, Ringelnattern aalen sich in der Sonne, Vogelgezwitscher überall. Naturliebhaber werden hier nicht enttäuscht.**

Die Karower Teiche sind ein weiteres Naturparadies im Norden Berlins. Sie sind aus ehemaligen Torfstichen und Fischteichen entstanden und jeder der vier ist etwas anders strukturiert. Mit der Panke sind sie nicht direkt verbunden, aber das Flüsschen strömt in unmittelbarer Nähe vorbei – und damit streift auch der Pankeweg das Gebiet. Der Barnimer Dörferweg kreuzt etwas nördlich – er führt von Alt-Tegel bis an die Stadtgrenze nach Ahrensfelde und bietet weitere interessante Ausflugsoptionen.

Vom S-Bahnhof Karow ist das landschaftlich reizvolle Biotop schon nach rund einem Kilometer

Breite Schilfgürtel säumen die Karower Teiche

erreicht. Ein Weg führt zwischen den kleeblattartig angeordneten Teichen hinurch, Aussichtsplattformen mit Informationstafeln ermöglichen den Blick auf die Wasserflächen, über die breiten Schilf- und Röhrichtgürtel hinweg. Die Mitnahme eines Fernglases lohnt.

Die Karower Teiche liegen auf Pankower Gebiet, zählen aber zum länderübergreifenden Naturpark Barnim. Die Wasserlandschaft ist ein wertvolles Rast- und Brutgebiet für Wasservögel und Schilfbrüter, bietet aber auch einer vielfältigen Singvogelwelt ein Zuhause: Pirol, Sperbergrasmücke, Braun- und Schwarzkehlchen leben hier neben einer artenreichen Kleintierfauna. Als Laichplatz sind die Teiche für Amphibien von überregionaler Bedeutung; Zauneidechsen und Ringelnattern können mit etwas Glück beobachtet werden. Im Sommer preschen mehr als 20 Libellenarten übers Wasser.

Da die Karower Teiche schnell umrundet sind, bietet sich möglicherweise eine Ausdehnung der Tour ins etwa 2 Kilometer nördlich gelegene Naturschutzgebiet Bogenseekette und Lietzengraben an (► Seite 83).

**Wo:** Karow
**Anfahrt:** S Berlin-Karow
**Strecke:** Rundweg ab S-Bahnhof und zurück ca. 3,5 Kilometer

Wasservögel finden hier ein wichtiges Rückzugs- und Brutgebiet

## 24 Schlosspark Pankow

# Heimspiel für die Panke

**Der Stadtteil Pankow ist nach der Panke benannt und hier darf sie auch noch zwei glamouröse Auftritte absolvieren: im Schlosspark und im nicht minder schmucken Bürgerpark.**

Sobald man den Schlosspark über die Straße Am Schlosspark oder die Ossietzkystraße betreten hat, findet man sich in einer anmutigen Parklandschaft mit altem Baumbestand, sonnigen Wiesen und geschwungenen Wegen wieder, durch die die Panke heiter dahinplätschert. Hier kann man sogar mal die Füße ins Wasser halten. Etwas separiert davon befindet sich im nördlichen Teil des Geländes das Schloss Schönhausen, das von einem repräsentativen Barockgarten von ganz anderem Charakter umgeben ist.

Das royale Anwesen entstand ab 1680 nach Plänen und unter Leitung

Der Schlosspark Pankow mit sonnigen Wiesen und alten Bäumen

von Johann Arnold Nering. Es war im Besitz des Kurfürsten und Königs. Während der Regierungszeit Friedrichs des Großen diente das Schloss 50 Jahre lang als Sommersitz der Königin Elisabeth Christine von Preußen, die auch den barocken Lustgarten anlegen ließ, damals noch auf dem ganzen Gelände. Der König hatte seine Ehefrau regelrecht ins Pankower Schloss abgeschoben, während er in Berlin blieb.

Zu DDR-Zeit war es Amtssitz von Wilhelm Pieck (1949 bis 1960), dem ersten und einzigen Präsidenten, später Gästehaus der DDR-Regierung. In der Wendezeit tagte 1989/1990 im Casino-Gebäude des Schlosskomplexes der „Runde Tisch“. Im wiedervereinigten Deutschland gehört es zur Stiftung Preußische Schlösser und Gärten Berlin und ist für den Besucherverkehr geöffnet.

Der Festsaal, das einzige komplett erhaltene Rokoko-Interieur Berlins, wird für verschiedene Konzerte, Lesungen und festliche Empfänge genutzt. In einem Teil des Obergeschosses werden Repräsentationsräume aus der DDR-Zeit gezeigt.

Zwischen Schlosspark und dem nicht weniger schmucken Bürgerpark (► Seite 88) schlängelt sich die Panke durch die Gärten Pankower Villen. Die hübsche Parkstraße, in die man am südlichen Zipfel des Schlossparks einbiegt, verbindet die beiden Grünanlagen.

**Wo:** Pankow
**Anfahrt:** Tram M1/50 oder Bus 155, 250, 255 bis Pankow Kirche oder Tram M1, Bus 250 bis Tschaikowskistraße

 **Schloss Schönhausen**

Aus drei Jahrhunderten haben sich Interieurs, Möbel und Gemälde erhalten, die man in einem abwechslungsreichen Rundgang besichtigen kann.

*www.spsg.de |*
*Apr.-Okt. Di-So 10-17.30, Nov.-März Sa/So 10-16 Uhr*

**Café Sommerlust**

Freiluft-Café im Schlossgarten Schönhausen.

*Tschaikowskistraße 1 | www.sommerlust.berlin |*
*Apr.-Okt. 10-18, März/Nov Do-So 12-17 Uhr*

## 25 Bürgerpark Pankow

# Picknick im Rosengarten

**Ein Kleinod sondergleichen ist der Bürgerpark Pankow. Hier kommt man nicht einfach nur so an! Man durchschreitet gemessenen Schrittes das majestätische Eingangstor.**

Dann öffnen sich auf dem etwa zwölf Hektar großen Gelände unterschiedliche Erlebniswelten: Die Grünflächen sind geschmückt mit Skulpturen und Denkmälern – etwa einer Büste von Heinrich Mann oder dem Denkmal für den 1943 in Plötzensee hingerichteten tschechischen Schriftsteller Julius Fučík. Einige idyllische Radwege kreuzen, in den Sommermonaten lockt die eigene Parkbücherei, die auch Spiele verleiht, Leseratten und Brettspielende an. Im Rosengarten mit Musikpavillon blühen und gedeihen Strauch-, Beet-, Kletterrosen und Teehybriden. Auf zwei großen Liegewiesen kann man sich auch mit Federball oder Frisbee betätigen und unter hochragenden Bäumen wird man (auch bei Regenwetter) sesshaft: im Parkcafé. Das ist nicht nur Café, Restaurant und Eisdiele in einem, sondern wartet auch mit einem Biergarten auf. Im nördlichen Teil findet man einen Skatepark und Tischtennisplatten, im südlichen erfreut das Ziegengehege besonders Kinder. Die können sich am westlichen Parkrand aber auch auf dem Kinderbauernhof Pinke-Panke sowie dem Abenteuerspielplatz mit Wasserpumpe und Kletterschiff amüsieren.

1856 erwarb Hermann Killisch von Horn, der Gründer der Berliner Börsenzeitung, das Areal einer alten Papiermühle. Er beauftragte Wilhelm Perring damit, das Gelände in einen Park im englischen Stil zu verwandeln. 1907 kaufte die Gemeinde Pankow unter ihrem damaligen Bürgermeister Wilhelm Kuhr den Privatpark und machte ihn zur öffentlichen Grünanlage mit samt Gartenrestaurant und Musikpavillon.

**Wo:** Pankow
**Anfahrt:** Tram M1 bis Bürgerpark Pankow
Der Park ist ganzjährig rund um die Uhr geöffnet.

**Rosengarten**
Restaurant, Café und Biergarten, Grillhütte bei gutem Wetter.
*Wilhelm-Kuhr-Straße 9 | www.rosengarten-pankow.de*

Wäre auch eines Schlossparks würdig: das Eingangstor zum Bürgerpark Pankow

26 Pankeweg

# Pegelstandsmeldungen aus dem Wedding

**Einst wurde die liebliche Panke mit ihrem Eintritt in den Stadtteil Wedding zum Abwasserkanal degradiert. Heute erstreckt sich vom Bürgerpark bis zu ihrer Mündung beim Nordhafen dank umfassender Renaturierungsmaßnahmen ein fast durchgehender Grünzug, der zu einem ausgedehnten Stadtspaziergang einlädt.**

Den Bürgerpark Pankow im Rücken (► Seite 88) windet sich die Panke westlich unter dem Bahndamm nahe dem S-Bahnhof Wollankstraße hindurch. Willkommen im Wedding! Das Flüsschen strömt vorbei am Spielfeld des SV Nord Wedding e. V., Nachfolger des ehrenwerten S. C. Rapide Wedding 1893 e. V.! Schon mal davon gehört? Der Club an der Panke blickt auf 130 Jahre Vereinsgeschichte zurück und wirbt für sich mit den Worten: „Dit können nich viele von sich behaupten!"

Über die Fußgängerbrücke an der Gottschalkstraße kann man die Uferseite wechseln. Bald breitet sich eine grüne Liegefläche mit der eigentümlichen Bezeichnung „Franzosenbecken" aus, eigentlich ein Auffangbecken für die Panke. Ein knarziges Holzschild verweist auf die Walter-Nicklitz-Promenade. Namensgeber war der SPD-Politiker und Weddinger Baustadtrat (1911–1989). Er hatte in den 1950er-Jahren mit Mitteln des Marshall-Plans den Panke-Grünzug anlegen lassen. Unter der Brücke Soldiner Straße hindurch grünt der tiefer liegende Pankeweg insofern urgemütlich vor sich hin, als dass man vom trubeligen Wedding auf Straßenniveau kaum etwas mitbekommt. Das ändert sich nur kurz an der Querung der Osloer Straße. Dahinter beginnt der Ortsteil Gesundbrunnen.

## Gesundbrunnen

Seit der Entdeckung einer eisenhaltigen Quelle im Jahr 1748 hat dieser Ortsteil seinen Namen und erhielt 1760 deswegen auch das Heilbad „Friedrichs Gesundbrunnen". Um die Wende zum 19. Jahrhundert entwickelte sich die zentrale Badstraße immer mehr zu einer Ausgehmeile mit zahlreichen Volksgärten, Restaurationsbetrieben und Theatern. Die Umbenennung des Bades in „Luisenbad" 1809 – nach der beliebten Preußenkönigin – war im Grunde eine Marketingidee, um die Einrichtung neu zu beleben. 1882 wurde die Heilquelle durch Bauarbeiten versehentlich verschüttet und seit 1891 ist sie

Kanalisierte Idylle: die Panke im Ortsteil Gesundbrunnen

gänzlich versiegt. Um diese Zeit entstand das klinkerverzierte und reich ornamentierte Eckhaus an der Badstraßenüberbrückung, das als letzte Reminiszenz an den einstigen Glanz eine profilierte Luisenbad-Emblematik zur Schau trägt.

Von der ursprünglichen Badeanstalt ist nichts mehr erhalten. Allerdings versuchte der Kaufmann Oscholinski ab 1874/75 an die Tradition des Vergnügungsortes anzuknüpfen und errichtete eine Art frühes Freizeitzentrum mit Schwimmbad, Dampfbad, Kegelbahn und Kino. Er nannte es „Marienbad", denn seinerzeit war der böhmische Kurort en vogue. Davon hat sich das Vestibül erhalten, ein 1888 errichteter zweigeschossiger Bau im Stil der Neorenaissance mit einer reich verzierten Giebelwand. Im Inneren dienen der Puttensaal und der mit Stuck geschmückte Festsaal als Veranstaltungsräume. Das Haus ist auffallend mit farbigen Klinkern geschmückt. Besonders sticht die aus Klinkern gebildete Inschrift „KAFÉ-KÜCHE" ins Auge. Seit 1995 ist hier im Zuge eines umfangreichen Umbaus die Bibliothek am Luisenbad eingezogen, Berlins wahrscheinlich anmutigste Einrichtung dieser Art.

## Amtsgericht Wedding

Jenseits der Badstraße trifft der Uferweg linksseitig auf die Panke-Liegewiese. Da schiebt sich eine

Eckhaus an der Badstraße

Er sorgte für die Renaturierung der Panke

mächtige Kulisse in das Sichtfeld. Ein Palast! Mitten im Wedding? Natürlich nicht – bzw. ein Justizpalast: die Rückseite des Amtsgerichts Wedding. Der wilhelminische Imponierbau (1901–1906) imponiert außen und innen! Dem mehrflügeligen, fünfgeschossigen, im neogotischen Stil errichteten Gebäude soll als Vorbild die Albrechtsburg in Meißen gedient haben. Hinter dem Hauptportal öffnet sich ein mächtiges Foyer mit einer ebenfalls neogotisch gestalteten monumentalen Treppenanlage, was Assoziationen an gotische Kathedralen aufkommen lässt. Der Besuch lohnt – Gerichtsgebäude sind öffentlich zugänglich.

## Uferstudios & Uferhallen

Am gegenüberliegenden Ufer zieht sich eine lang gestreckte Gebäudefront hin. Das blockartig gestaltete Depotgelände der einstigen Berliner Straßenbahn AG stammt aus der Mitte der 1920er-Jahre und die rotbraunen Klinkerfassaden sind ein typisches Merkmal des Berliner Backsteinexpressionismus. Architekt Jean Krämer war ein Schüler des wichtigsten Industrie-Architekten Berlins Peter Behrens. 2007 von der BVG abgegeben, als hier schon längst keine Straßenbahnen mehr gewartet wurden, haben seit 2010 die Uferstudios Einzug in das denkmalgeschützte Areal gehalten, ein Zentrum für zeitgenössischen Tanz.

Panke cool

Auf der gegenüberliegenden Straßenseite schließt sich mit den Uferhallen fast nahtlos ein ähnlicher Gebäudetrakt an. Dieser denkmalgeschützte Gebäudekomplex war bereits 1873 ein Transportbetriebshof. 1931 bekamen die Uferhallen ihre charakteristischen Klinkersteingebäude. Nach dem Zweiten Weltkrieg hielt die BVG hier bis 2007 ihre Omnibusse instand. Auf dem Areal befinden sich nun seit 2017 zahlreiche kulturelle und künstlerische Einrichtungen wie Ateliers, Werkstätten, Studios, Veranstaltungs- und Proberäume. Als herausragender Kulturstandort sind die Uferhallen Berlin inzwischen von überregionaler Bedeutung. Gleich nebenan bzw. schräg gegenüber der Panke-Liegewiese gibt es mit dem Cafe Dujardin und dem Restaurant Uferlos auch etwas für Leib und Magen.

Es grünt so grün, wenn Pankes Ufer blühn – also weiter wie gehabt. Bis gleich rechts nach der Unterquerung der Bahnstrecke ein eigenwilliger Ort einen Stopp einlegen lässt.

## Panke Culture

In einem Street-Art-geschmückten Fabrikgebäude samt Gartenbistro direkt an der Panke versteht sich diese Einrichtung als Treffpunkt der jungen Weddinger Kreativszene. Dem einfallsreich arbeitenden Kollektiv geht es unter anderem um die Unterstützung von experimenteller Kunst und Subkultur in

Der Panke-Grünzug ist als Spazierweg beliebt

Berlin. Ausstellungen, Kino, Workshops, Diskussionen, Theater, Kunst oder Musik-Events gehören zur Culture-Palette.

Über ein Brückchen geht es entlang der Rückseite der Kolberger Straße, einer ehemals engen Straßenschlucht. Einen Hüpfer weiter, hinauf und über die Neue Gerichtsstraßenbrücke wird es urgemütlich, wenn auch ein paar Meter vom Pankeufer entfernt: im Café des Schicksals.

Bis zur Schulzendorfer Straße führt der Weg weiter an der Panke entlang und gibt Blicke auf idyllische kleine Brücken frei. Ein Treibgutrechen hält zurück, was sich so im Wasser angesammelt hat und dort überhaupt nicht hingehört. Ein Stück weiter ist die Panke brückenartig mit einem Wohngebäude überbaut. Eigentlich endet hier die Panke-Tour (bis zur U Schwarzkopfstraße sind es etwa 500 Meter). Wer es genau wissen will, läuft noch ein kurzes Stück die Sellerstraße weiter bis zum Sellerpark. Dort überspannt die kleine Sellerbrücke den Ausgang des Nordhafen-Vorbeckens hin zu einer Liegewiese. Hier mündet die Panke am Nordhafen in den Berlin-Spandauer Schifffahrtskanal (▶ Seite 44). Entspannt sinnt man hier über die vielfältigen urbanen Pegelstandsmeldungen nach, die diese Uferwanderung vermittelt hat.

Danke, Panke!

**Wo:** Wedding
**Anfahrt:** S Wollankstraße, ein Einstieg ist aber auch jederzeit unterwegs möglich.
**Strecke:** Spaziergang ca. 4 Kilometer

 **Panke Culture**

Culture – Galerie – Bar–Club: Gelegen an einem Street-Art-geschmückten Fabrikgebäude samt Gartenbistro direkt an der Panke, versteht sich Panke Culture als ein Treffpunkt der jungen Weddinger Kreativszene. Dem einfallsreich arbeitenden Kollektiv geht es unter anderem um die Unterstützung von experimenteller Kunst und Subkultur in Berlin.

*Hof V, Gerichtsstraße 23 | www.pankeculture.com*

**Café Dujardin**

Wie der Name vermuten lässt, ist es ein hippes Retrocafé mit Terrasse auf begrüntem Platz. Salate, Kuchen, deutsche Brot- und Käsesorten locken.

*Uferstraße 12 | www.cafedujardin.de*

**Restaurant Uferlos**

Nur ein paar Schritte weiter: Italienisches Restaurant, Bar, Café und Biergarten.

*Uferstraße 13 | www.restaurantuferlos.de*

**Café des Schicksals**

Beliebter Kiez-Treffpunkt mit entspannter Atmosphäre.

*Gerichtstraße 68*

# Die Havel

Niederneuendorfer See
Tegeler See
28
27
Spandauer See
Mühlengraben
Spree
35
Scharfe Lanke
29
36
Groß Glienicker See
Stößensee
37
30
39
Havel
Sacrower See
38
31
Großer Wannsee
Teltowkanal
32
Kleiner Wannsee
33
34
Pohlesee
Stölpchensee
Griebnitzsee

Nicht die Spree ist Berlins „Rio Grande“, sondern die Havel. Zum Beispiel in der Breite: Gut vier Kilometer misst sie im Südwesten zwischen dem Fähranleger Wannsee und dem jenseitigen an der Kladower Uferpromenade. Anders als die Spree ist die Havel fast überall eine Erholungslandschaft. Diverse hellsandige Badestellen und Wassersport jeglicher Art laden zur feuchtfröhlichen Tummelei ein. Zugleich ist die Havel ein Schifffahrtsweg. Die langen Frachtschlepper-Verbände stampfen flussauf- und -abwärts und haben immer Vorfahrt.

Von der Quelle bis zur Mündung ist sie 325 Kilometer unterwegs. Der Fluss entspringt in Mecklenburg-Vorpommern, bevor er das nördliche Spandau und Reinickendorf erobert. Im Süden an der Glienicker Brücke verlässt die Havel die Hauptstadt in Richtung Potsdam und strömt Richtung Elbe, die sie einige Kilometer hinter Havelberg aufnimmt.

# Altstadt an der Havel

**Streng genommen ist die Spandauer Altstadt eine Insel, erreichbar über neun Brückenschläge. Sie wird kreisförmig vom Mühlengraben umflossen und im Osten vom Havelufer begrenzt.**

Das weitestgehend verkehrsberuhigte Straßengeflecht mit zahlreichen historischen Gebäuden und einladenden Cafés, Restaurants und kleinen Geschäften an jeder Ecke wird von der gotischen St. Nikolaikirche am Reformationsplatz überragt. Ein paar Schritte weiter blickt man durch ein archäologisches Fenster in einen Knochenkeller. Die bei der Altstadtsanierung in den 1980er-Jahren entdeckten Grabungsfunde wurden im Gebäude Reformationsplatz 3 spektakulär integriert. Um die Ecke, Breite Straße 32, steht das Gotische Haus. Dieses bauliche Juwel ist das älteste erhaltene Bürgerhaus im gesamten Berliner Raum, der Kernbau stammt aus dem 15. Jahrhundert. Heute sind hier das Stadtgeschichtliche Museum Spandaus und die Tourist-Information beheimatet.

Kaum ein Ortsfremder verirrt sich in die vom Stadtkern durch eine sechsspurige Straße getrennte nördliche kleine Inselnase namens Kolk (auch als Behnitz geläufig). Dieses älteste Siedlungsgebiet Spandaus ist daher beinahe ein Geheimtipp. Im 12. Jahrhundert befand sich hier eine slawische Siedlung, die der Burg zugeordnet war, aus der sich später die Festung Zitadelle Spandau entwickeln sollte. Heute durchweht ein Hauch von Mittelalter die romantischen Gässchen mit windschiefen Fachwerkhäusern und Stadtmauerresten aus dem 14. Jahrhundert. Für die Kirche St. Marien am Behnitz aus dem Jahr 1848 gilt dies indes nicht. Sie ist aber immerhin die zweitälteste katholische Kirche im Großraum Berlin – nach der Hedwigskathedrale.

Bemerkenswert schön ist der gepflegte Spazierweg längs dem 2017 neu gestalteten Lindenufer an der Havel östlich der Altstadt. Bis ins 19. Jahrhundert legten hier noch die Havelkähne an – heute kann man vom Schiffsanleger südlich der Charlottenbrücke aus unterschiedliche Bootsausflüge die Havel hinunter oder die Spree hinauf unternehmen, denn diese mündet nur etwa 200 Meter weiter nördlich. Direkt gegenüber der Mündung passiert man am Ufer das eindrucksvolle Mahnmal für die in der November-Pogromnacht von 1938 zerstörte

Die ältesten Häuser Spandaus stehen im Kolk

Spandauer Synagoge und die Spandauer Opfer der Shoah.

## Zitadelle Spandau

Vor der Altstadt Spandau, gegenüber dem Kolk, krümmt sich eine Art Atoll, landeinwärts dreiseitig geschlossen und nur zum Spandauer See hin geöffnet. Er birgt eine Insel, die eigentlich keine und doch wieder eine ist. Dieses markante symmetrische, allenthalben spitzwinklige Eiland ist von Menschenhand geschaffen, und zwar vor etwas mehr als einem halben Jahrtausend.

Die Rede ist von der wuchtigen, in die Havelfluten und in italienischer Festungsmanier gebauten Zitadelle Spandau (1559/60–1594), deren Baumeister auch wirklich Italiener waren. Sie ist eine der bedeutendsten und besterhaltenen Festungsanlagen der Hochrenaissance in Europa, entstanden an der Stelle, an der sich zuvor eine slawische Wehranlage befunden hatte. Die christlichen Askanier errichteten nach ihrem Sieg von 1157 über die ‚heidnischen' Slawen dieses burgartige Bollwerk.

Die italienischen Festungsbaumeister Francesco Chiaramella de Gandino und Rocco Guerrini Conte di Linari (Rochus Graf zu Lynar) errichteten vier Bastionen, deren Anordnung keine toten Winkel zuließen, in denen sich Angreifer hätten verstecken können. Bemerkenswert sind nicht nur die Italienischen Höfe

Wehrhafter Vierzack: die Zitadelle Spandau stammt aus dem 16. Jahrhundert

und der Palas, das gewaltige Torhaus gleich am Eingang sowie der legendäre, wuchtige Juliusturm mit 3,60 Meter dicken Mauern. Hinter ihnen hortete man nach 1871 den „Reichskriegsschatz“, das heißt die französischen Reparationszahlungen nach dem Deutsch-Französischen Krieg. Heute ist vor allem die Aussichtsterrasse des Turms interessant.

Die Zitadelle Spandau ist längst ein spektakulärer und sehr beliebter Multifunktionsort geworden. Sie beheimatet drei Museen: Das Kommandantenhaus zeigt Exponate zur Geschichte der Festung, während sich im Zeughaus das Stadtgeschichtliche Museum Spandau befindet. Sehr originell ist die Ausstellung der vielen Berliner Statuen, die im Stadtbild kein Zuhause mehr haben. Darunter sind die vielen Denkmale der einstigen Siegesallee im Tiergarten (im Berliner Jargon: „Puppenallee“), aber auch Lenins Kopf, der von der früher am Platz der Vereinten Nationen postierten Monumentalstatue stammt. Öffentlich unzugängliche Bereiche der Festung lassen sich bei Kasemattenführungen erkunden, Fledermausführungen gibt es auch. Und natürlich ist die Zitadelle ein äußerst stil- und stimmungsvoller Veranstaltungsort: von Burgfesten über große Konzerte bis zu mittelalterlichen Gaukler- und Ritterspielen. Ein Café mit Terrasse findet sich im Torhaus.

**Wo:** Spandau
**Anfahrt:** Bhf. Spandau/U Rathaus Spandau oder Zitadelle

 **Zitadelle Spandau**
Kulturstandort und Geschichtsinsel. Beeindruckende Festungsanlage, drei Museen, Ausstellungen moderner Kunst. Café Mätresse im Torhaus.
*www.zitadelle-berlin.de | tgl. geöffnet*

 **Konditorei Fester**
Torten über Torten stehen in der Vitrine des Spandauer Traditionsunternehmens. Familie Fester beherrscht das Konditorei-Handwerk bereits seit 1928 meisterhaft. Heute ist das Kaffeehaus wie aus einer anderen Zeit eine bürgerlich-gediegene, höchst nachgefragte Naschwerkadresse.
*Markt 4 | www.konditorei-fester.de*

# Filmreif

**Bei einer Erkundung der Spandauer Havelufer liegt die Insel Eiswerder quasi auf dem Weg, denn über ihre zwei Brücken gelangt man vom Ostans Westufer. Ein Inselrundgang offenbart lauschige Ecken.**

Schräg gegenüber der Zitadelle, am Westufer der Havel, zieht sich ein sehr langer Uferweg nach Norden. Den Auftakt macht die Frieda-Arnheim-Promenade. Gleich zu Beginn steht ein detailreich restaurierter fünfstöckiger Klinkerbau im Stil der Industriearchitektur des 19./20. Jahrhunderts. Hier logiert das Seafood-Restaurant Raymons. Man speist Fisch wie am Mittelmeer und schaut doch über die verbreiterte Havel, die hier Spandauer See genannt wird. In dessen Mitte liegt die Insel Eiswerder. Zwei Straßenbrücken führen hinüber, von dieser Seite ist es die Große Eiswerderbrücke.

Spannungsbogen: die Große Eiswerderbrücke

Eiswerder war wegen seiner Abgeschiedenheit im ausgehenden 19. Jahrhundert ein Standort für Rüstungsfabriken, galt als „Waffenschmiede des Deutschen Reichs“. Über die 1892 eigens errichtete Eisenbahnbrücke an der Ostseite wurde die Insel mit einem separaten Schienenstrang an den Spandauer Bahnhof angeschlossen.

Die westliche Große Eiswerderbrücke wurde 1903 fertiggestellt. Von ihr kommend geht es nach links in den Eiswerderpark und weiter zur Galerie Inselspinnen. Auch die Südseite lässt sich über einen Spazierweg umrunden. Man erreicht so die kleine Eiswerderbrücke, die ans östliche Havelufer führt, und das Restaurant Stilbruch. Die Insel stellt somit eine schöne Spazierverbindung zwischen den Spandauer Ortsteilen Hakenfelde und Haselhorst an den gegenüberliegenden Havelufern dar. Zu jeder Jahreszeit lohnt sich der Blick aufs Wasser. Ortskundige paddeln hinüber zur unbewohnten kleinen Pionierinsel.

Über die Kleine Eiswerderbrücke hinweg führt uferseitig die Daumstraße vorbei an einem geschichtsträchtigen Gebäudekomplex. Rechter Hand kann man den Wasserturm von 1890 und das ehemalige Verwaltungsgebäude der früher auf Eiswerder positionierten Pulverfabrik sehen. Ab Ende der 1949-Jahre entstanden hier auf dem Gelände einer ehemaligen Versuchsanstalt für Kampfstoffe die

CCC-Filmstudios. 1946 hatte Artur „Atze“ Brauner zusammen mit Joseph Einstein die Central Cinema Comp.-Film GmbH gegründet. Zunächst wurden zwei Hallen gebaut, mit wachsendem Erfolg kamen weitere hinzu. Hunderte Filme und TV-Serien sind seitdem hier produziert worden, darunter die legendären Edgar-Wallace-Filme in den 1960er-Jahren. In den sanierten Studios mit Kultcharakter wird immer noch produziert.

In einem großen Rundbogen lassen sich die Ufergefilde der nördlichen Spandauer Havel erschließen. Ein Abstecher vom Uferweg an der Rhenaniastraße nach rechts führt zum idyllischen Rohrbruchteich. Zwischen der Spandauer Seebrücke und der Wasserstadtbrücke lädt eine in die Havel gebaute Terrasse zum Verweilen ein: der Salsa-Steg Haselhorst. Der Name ist Programm: Hier finden Tanzabende statt – nicht nur für die Nachbarschaft des weiter wachsenden Wohnquartiers „Waterkant“.

Über die Wasserstadtbrücke hinweg gelangt man an den Fähranleger An der Havelspitze (▶ Tour 40, Seite 148). Ab hier geht es auf dem westlichen Uferweg zurück. Dabei wird die Havelspitze umrundet und anschießend die Maselakebucht per Klappbrücke überquert. Um den Nordhafen Spandau herum geht es bis zum „SpeicherBallett“: In den alten Ex-Speichergebäuden entstehen etwa 500 Wohneinheiten, davon etwa fünfzig speziell für ältere Menschen sowie Tagespflegeplätze für rund dreißig Bedürftige. Linker Hand liegt bereits wieder die Insel Eiswerder und der Weg geht über in die Frieda-Arnheim-Promenade.

**Wo:** Spandau
**Anfahrt:** U Altstadt Spandau
**Strecke:** Spaziergang von der Spandauer Altstadt entlang der Havel zur Insel Eiswerder, zur Wasserstadt und zurück

**Galerie Inselspinnen**
Eine Gruppe von Künstlern mietet seit 2001 eine alte Bootshalle und hat einen Ort mit außergewöhnlichem Ambiente geschaffen, an dem Kunst produziert und präsentiert wird.

*Eiswerderstraße 15*

**Restaurant Stilbruch**
In einem alten Fachwerkhaus (ehemaliges Bahnwärterhäuschen) mit herrlichem Blick aufs Wasser, eigenem Bootsanleger und Sommerterrasse.

*Eiswerderstraße 22 | www.stilbruch-restaurant.de*

**Bootshaus Eiswerder**
Bootsverleih: Angelkahn mit Motor, Ruderboote, Tretboote, auch Gastliegeplätze.

*Eiswerderstraße 11–15*

**Fähre Tegeler See**
Vom Anleger Havelspitze nach Valentinswerder, Saatwinkel, Tegelort/Hakenfelde

*Sigmund-Bergmann-Straße | Apr.–Nov. Fr–So/Fei | www.faehre-tegelersee.de*

# Badeausflug zur Bürgerablage

Von der Wasserstadtbrücke dem westlichen Havelufer folgend gelangt man über die Stichkanäle Maselakekanal, Aalemannkanal und Teufelsseekanal hinweg nach einem schönen, etwa 5 Kilometer langen Fußweg zu der feinsandigen Badebucht mit dem einladenden Namen Bürgerablage. Seit alters her ist dieses von Kiefernwäldchen umgebene Gelände ein beliebtes Ausflugsziel. Zu Mauerzeiten endete hier West-Berlin. Eigentlich.
Regelrecht filmreif und geopolitisch skurril ging es nämlich jenseits der Grenze zu. 1952 besetzten sowjetische Soldaten und DDR-Volkspolizisten die West-Berliner Exklaven Erlengrund, Fichtewiese und Papenberge, zunächst auch die Bürgerablage. Sämtliche Einwohner wurden aufgefordert, ihre Häuser zu verlassen. Im Rahmen eines Gebietstausches wurden dann für die nun ummauerten Exklaven Erlengrund und Papenberge Eingangstore eingerichtet. Zugang hatte nur, wer dort auch ein Grundstück hatte. Man meldete sich per Sprechanlage bei den DDR-Grenzposten. Die Bürgerablage wiederum war nach dem Mauerbau 1961 für alle West-Berliner frei zugänglich.

Von der Spandauer Wasserstadtbrücke ca. 5 km Fußweg
Bus 136 Bürgerablage ab Bhf. Spandau/U Rathaus Spandau

Prosaischer Name für einen recht idyllischen Havelstrand: die Bürgerablage

# Wasserbüffel in Klein-Venedig

**Was haben Budapest und der abgelegene Spandauer Ortsteil Tiefwerder gemeinsam? Eine gleichnamige Insel! In Budapest ist sie weltbekannt: die weitläufige Margareteninsel in der Donau. Die hiesige liegt rund drei Kilometer südlich des Spandauer Bahnhofs.**

Das Feuchtbiotop Tiefwerder zwischen dem Faulen See, dem Jürgengraben und anderen Wasserläufen (sogenannten Havel-Altarmen) ist wohl fast nur den Venezianern geläufig. Venezianer im Wortsinn: Die Anrainer mit Wasserlage haben ihre Boote nämlich vor der Haustür zu liegen, das heißt in „Klein-Venedig“, eingebettet in das Landschaftsschutzgebiet Tiefwerder Wiesen. (Nicht zu verwechseln mit „Neu-Venedig“, das etliche Dutzend Kilometer entfernt am östlichen Ausgang des Müggelsees liegt! (► Seite 16).

Die Uferlandschaft von Klein-Venedig erkundet man am besten vom Wasser aus

Im Gegensatz zur Budapester Margareteninsel, die zum Lustwandeln einlädt, sei die in den Tiefwerder Wiesen eher Gummistiefelträgern empfohlen (von den Stegwegen samt einer „Seufzerbrücke“ abgesehen), denn es handelt sich um das letzte natürliche Berliner Überschwemmungsgebiet und damit auch letzte Laichgebiet für Hechte. Vor allem aber leben nahe der Margareteninsel exotische Vierbeiner: asiatische Wasserbüffel! Die friedlichen Kolosse mit ihren gewaltigen Hörnern grasen und weiden hier in ausgedehnter Auenlandschaft. Meist halten sie sich in guter Sichtweite auf, sind den wechselnden Jahreszeiten gegenüber resistent und können dem Spandauer Grünflächenamt – und das ökologisch sinnvoll – die Kosten für das Mähen ersparen. So haben die asiatischen Verwandten den seit Jahrhunderten aus Berliner Forsten verschwundenen Auerochsen ersetzen können und auch weitere Weideflächen gefunden, zum Beispiel auf der Pfaueninsel (► Seite 120) oder im Tegeler Fließ (► Seite 164).

Die Tiefwerder Wiesen erschließen sich durch Pfade, die auch durch hügeliges Waldgelände führen. Erlebnisreich ist diese mäandernde Wasserwelt aber natürlich auch für Wasserwanderer. Um das Areal zu erkunden, eignet sich eine Paddeltour sogar am besten.

**Wo:** Spandau
**Anfahrt:** 3 km Fußmarsch ab Bhf. Spandau über Ruhlebener Straße, Tiefwerderweg und Dorfstraße oder Bus M49 Freybrücke (Heerstraße) und Treppenabstieg auf derselben zum Havel-Uferweg

 **Der Bootsladen**

Kanu- und SUP-Verleih in Klein-Venedig.

*Brandensteinweg 37 | Reservierungen nur telefonisch: (030) 3 62 56 85 | www.der-bootsladen.de*

## 30 Havelhöhenweg

# Bergauf, bergab nach Süden

**Der Name ist Programm: Havelhöhenweg. Größtenteils im Wald folgt er der Steilküste der Havel. Immer wieder führen Wegschneisen hinab zum Wasser – oder von dort hinauf. Hier ist Berlin überhaupt nicht plan und eben, die Ausblicke übers Wasser sind spektakulär.**

Der Havelhöhenweg beginnt im Norden an der Stößenseebrücke, wo die Heerstraße die Havel überquert. Ein guter Startpunkt ist aber auch die Bushaltestelle Postfenn etwa 1 000 Meter südlich. Bis zum Strandbad Wannsee sind es dann rund 10 Kilometer, aber die Strecke lässt sich an vielen Stellen unterbrechen und mit dem Linienbus 218 abkürzen. Neben einigen Sehenswürdigkeiten und wunderschöner Natur gibt es auf der ganzen Strecke auch zahlreiche Bademöglichkeiten.

### Schildhorn

Wo die Landzunge Schildhorn eine kleine Bucht bildet, die Jürgenlanke, locken ein Badestrand und gewundene Uferwege. Das frühere Ur-Berliner Ausflugslokal Wirtshaus Schildhorn existiert leider nur noch als Event-Location.

Versteckt in waldiger Höhe steht das Schildhorndenkmal, 1845 von Friedrich August Stüler nach Skizzen Friedrich Wilhelms IV. realisiert. Erinnert wird an die Schildhornsage, die der Halbinsel ihren Namen gab. 1157, im Gründungsjahr der Mark Brandenburg, soll der heidnische Slawenfürst Jaczo vor dem Heer des christlich-askanischen Markgrafen Albrecht der Bär geflohen sein – und zwar in voller Rüstung über die Havel schwimmend von dort, wo sich heute die Spandauer Ortsteile Gatow und Kladow erstrecken. Als den Manne auf halber Strecke die Kräfte zu verlassen drohten, schwor er, zum Christentum überzutreten, sollte er das andere Ufer lebend erreichen. So geschah es. Jaczo hängte Schild und Horn an einen Baum und seinen heidnischen Glauben an den Nagel. Die Erfüllung des Schwurs nach seiner Rettung sollte den endgültigen Sieg der Christen über die seit alters her diese Region bestimmende slawische Herrschaft bedeuten.

Vom Schildhorn führen parallel zum Havelhöhenweg lange Uferwege weiter nach Süden, vorbei an der großen Badestelle Kuhhorn samt kleinerer Buchten und zur Badestelle am Grunewaldturm.

Der bewaldete Havelhöhenweg gewährt immer wieder schöne Ausblicke übers Wasser

30

Kaiser Wilhelm inside: Grunewaldturm

## Grunewaldturm

Die Havelufer sind hier unverbaut und nur von den hügeligen Ausläufern des riesigen Grunewalds gesäumt. Der gleichnamige neugotische, backsteinrote hohe Aussichtsturm ragt auf dem Karlsberg 55 Meter in die Höhe. Eigentlich heißt er Kaiser-Wilhelm-Gedächtnisturm, errichtet 1899, und der Kaiser selbst posiert überlebensgroß im Inneren des Sockelpodests. 204 Treppenstufen klettert man bis zur grandiosen Aussichtsplattform in annähernd 90 Metern Höhe über der Wasserfläche. Fahrstuhl: Fehlanzeige. Dafür erstreckt sich unten ein ausgedehnter Biergarten samt Strandbar auf einer großen Wiese mit hervorragender Weitsicht.

## Insel Lindwerder

Einen knappen Kilometer weiter liegt den Wanderern unterhalb des Steilufers das Inselchen Lindwerder zu Füßen. Seinen Namen verdankt es dem Baumbestand und ist nicht zu verwechseln mit der namensgleichen Insel im Tegeler See! Trockenen Fußes ist das Havel-Eiland von der Havelchaussee aus mit der inseleigenen Fähre (keine BVG-Tickets) zu erreichen. Ohne Fahrplan, dafür ruft man den Fährmann nach Bedarf und auf sehr charmante Weise mit einer Glocke am Steg herbei. Nach dem Zweiten Weltkrieg wurden am Ostufer große Mengen Ruinenschutt abgeladen, was die 22 000 Quadratmeter kleine Insel um etwa 3 000 Quadratmeter vergrößerte.

Licht- und Schattenspiele auf dem Wanderweg

## Insel Schwanenwerder

Über eine Brücke zugänglich und einen Abstecher wert ist die Insel Schwanenwerder südlich von Lindwerder. Einst wohnten dort Bankiers und Industrielle, in jüngeren Tagen der verstorbene Verleger Axel Springer, Mäzenaten wie Barbara Monheim oder Künstler wie Dieter Hallervorden. Dazwischen langten die Nationalsozialisten nach den begehrten Wassergrundstücken. Jüdische Familien wurden enteignet und vertrieben. 1936 ließ sich Hitlers Propagandaminister Joseph Goebbels im Landhaus an der Inselstraße 8–10 nieder und feierte hier, vermeintlich unbemerkt, ausschweifende Feste – vornehmlich mit den weiblichen UfA-Stars. Im Volksmund geriet Schwanen- zu Bonzenwerder. Kein Zufall, dass die teuerste Straße in der deutschen Monopoly-Version vor dem Zweiten Weltkrieg „Insel Schwanenwerder" hieß. Nach einem fehlgeschlagenen Attentat auf Goebbels ließ dieser einen Bunker bauen. Eine Reihe von deutsch und englisch beschrifteten Stelen erinnert am Inseleingang mit Texten und Fotos an diese Zeit.

Während der Potsdamer (Alliierten-)Konferenz wohnte der General und spätere US-Präsident Dwight D. Eisenhower in der Villa des Chemie-Industriellen Maximilian Baginski, dem Erfinder der Spalt-Tablette. Die Rundstraße führt an erhabener, unter altem Baumbestand sich verbergender Villenlandschaft und an avantgardistischer Architektur des 21. Jahrhunderts vorbei (zum Beispiel die umstrittene „UFO"-Villa des Architekturbüros Graft, Inselstraße 34). Eine interessante Kunstruine taucht gleich hinter der Inselbrücke auf: eine Säule mit korinthischem Kapitell, Gesimsstück und einem Bogenteil samt Widderkopf, eingebettet in einen künstlichen Mauerrest aus Klinkern. Es sind Fassadenteile des Pariser Palais des Tuileries, des 1871 beim Aufstand der Commune zerstörten Königspalastes, die fast zeitgleich vom seinerzeitigen Inseleigner, dem romantisierenden Lampenfabrikanten Friedrich Wilhelm Wessel, erworben wurden. Er wollte auf der damals noch Cladower Sandwerder heißenden Insel zunächst sein eigenes preußisches Arkadien gestalten, widmete sich dann aber lieber dem überaus lukrativen Verkauf der insularen Landhaus-Parzellen.

Gegenüber Schwanenwerder ankert am Wannseebadweg die schwimmende Surfstation Windanna des Windsurfing-Vereins Berlin. Ein auffälliges weißes Ponton-Schiff mit zwei Decks, umlaufender öffentlicher Anlege-Plattform, Clubraum und eigener Boulder-Strecke an der Außenwand.

Ab hier verläuft der Weg eher flach am Wannseeufer entlang und bald ist das Strandbad Wannsee erreicht. Von hier fährt ein Bus, oder man läuft noch einen guten Kilometer zum S-Bahnhof Nikolassee.

**Wo:** Zehlendorf
**Anfahrt:** von Norden: Bus M49 Stößenseebrücke oder Bus 218 Postfenn, von Süden: S Nikolassee
**Dauer:** Spaziergang max. 10 Kilometer

**Markierung:** Eine Art Windrad aus drei Dreiecken in Blau, Gelb und Grün

**Tipp: Havelchaussee mit dem Bus Linie 218**

Manchmal setzt die BVG Oldtimerbusse ein. 32 Haltestellen.

**Kaisergarten am Grunewaldturm**

Ausgedehnter Biergarten und Bistro zu Füßen des Grunewaldturms.

*Havelchaussee 61 | www.kaisergarten-grunewald.de*

**Restaurantschiff Alte Liebe**

Ein wuchtiges Schiff, Baujahr 1912. Unvergesslich: Ein Cocktail oder Abendessen auf dem Achterdeck bei Sonnenuntergang. Unter Deck werden auf zwei Etagen Fischgerichte und bodenständige deutsche Speisen serviert. Open-Air-Bereich.

*Havelchaussee 107 | www.alte-liebe-berlin.de*

**Wannseeterrassen**

Seit über 90 Jahren ein legendäres Ausflugslokal in spektakulärer Lage. Am 25. Dezember 2001 zum zweiten Mal bis auf die Grundmauern niedergebrannt, wurde es in seiner heutigen Form wieder errichtet, hat aber architektonisch mit den Vorläufern nichts mehr gemein. Restaurant, Café, Bar, Konditorei, Wein- und Kaminzimmer, Terrasse mit 500 Plätzen, großer Kinderspielplatz.

*Wannseebadweg 35 | www.wannseeterrassen.berlin*

## Strandbad Wannsee

Wer es nicht kennt, erwartet nicht, was ihn oder sie erwartet! Durch parkähnliche Grünanlagen hindurch und über helle Freitreppen hinab erschließt sich den Besuchern das Strandbad mit weitem Blick über den Wannsee, der genau genommen Großer Wannsee heißt und eigentlich eine Bucht der Havel ist.

Im Strandbad Wannsee sind Quantität und Qualität keine Widersprüche, sondern ergänzen einander. Es ist Europas größtes Binnenseebad mit einem etwa 1,3 Kilometer langen und breiten weißen, feinsandigen Strand – und es ist Europas schönstes. Es ist über 100 Jahre alt, erbaut im Stil der Neuen Sachlichkeit, pastellgelb strahlend, hat herrliche Sonnenterrassen und ist nach einer Zeit des Verfalls seit einigen Jahren umfassend saniert.

Als Badewanne der Berliner – vor allem derjenigen, die sich eine Sommerfrische an der Ostsee nicht leisten konnten – machte das Strandbad ab 1907 Karriere, kaum dass das öffentliche Baden im Freien an dieser Stelle überhaupt legalisiert worden war! Bald herrschte hier proletarisch-ungezwungenes Treiben, nicht immer zur Freude der Villenbesitzer aus der noblen Umgebung am gegenüberliegenden Seeufer. Der 540 Meter lange und heute denkmalgeschützte Gebäudekomplex wurde 1927 errichtet und sollte ursprünglich sogar noch größer werden.

Heute bietet das Bad ein vollumfängliches Freizeitangebot mit zum Teil behindertengerechter Ausstattung. Hier gibt es Beachvolleyball, Fußball, einen Bootsverleih, einen Kinderspielplatz, Gastronomie, Strandkörbe, einen FKK-Bereich, Verkaufs- und Dienstleistungseinrichtungen sowie eine 60 Meter lange Luftkissenrutsche, an deren Auslauf geschickte Rutscher surfen können. Also: „Pack' die Badehose ein …"

Ein Hauch von Ostsee: Strandbad Wannsee in der Morgensonne

# Die Schatz-Insel

**Eigenartigerweise trägt die größte Berliner Insel den Namen einer Wasserfläche: Wannsee. Der Zehlendorfer Ortsteil ist mit idyllischen Uferwegen und Badestellen, Gastronomie, aber auch zahlreichen Kulturschätzen ein Ausflugsparadies.**

Die Insel Wannsee ist fast doppelt so groß wie die britische Enklave Gibraltar – zwar ohne Affenfelsen, dafür aber dicht bewaldet und für Berliner Verhältnisse ungemein hügelig. Auf dem Schäferberg reckt sich bis auf 333 Meter über NHN ein Funk-Fernsehturm als wuchtige Betonnadel mit mehrgeschossigem Aussichtskorb in die Höhe, der aber wegen mangelnder Rettungswege nicht zugänglich ist. Umarmt wird die Insel mit ihren vielen Marinas, ufernaher und -ferner Gastronomie und hochkarätigen Wassergrund-

Bitte differenzieren: die Insel Wannsee im Hintergrund, im Vordergrund der Wannsee

stücken von Havel-Nebenflüssen: dem Großen und Kleinen Wannsee, dem Pohle- und Stölpchensee, dem Prinz-Friedrich-Leopoldkanal, dem Griebnitzsee und schließlich der Havel.

Zu erreichen ist Wannsee über fünf Brücken. Die prominenteste liegt ganz im Westen der Insel und führte einst in den „Osten“: die Glienicker Brücke, Austauschort für Spione zwischen Sowjetunion und USA im Kalten Krieg (► Seite 124). Nahe der östlichsten Brücke, der Wannseebrücke an der S-Bahnstation, erschoss sich am 21. November 1811 der 34-jährige Dichter Heinrich von Kleist zusammen mit seiner Freundin Henriette Vogel. Zu erreichen ist die noch auf dem Festland gelegene Gedenkstätte am Kleinen Wannsee über die unscheinbare Bismarckstraße.

Die Insel birgt Kulturschätze wie das Jagdschloss Glienicke nebst Park (► Seite 124) oder lockt mit dem dunklen russischen Bauernblockhaus Nikolskoe und den goldenen Zwiebelkuppeln der Kirche St. Peter und Paul. Ferner (ver)barg sie noch „BER II“, einen seit Ende 2019 planmäßig und endgültig abgeschalteten atomaren Forschungsreaktor vom Helmholtz-Zentrum Berlin für Materialien und Energie sowie den 1895 gegründeten, ausgesprochen idyllischen 18-Loch-Golf- und Landclub Berlin-Wannsee e. V. – schon immer der elegante Treffpunkt der „Haute Wolaute“ (so der

31

Lieblich: Gartenhaus der Villa Liebermann

Berlinerische, liebevoll-despektierliche Ausdruck für Haute Volée).

Von der weitläufigen Fährstation Wannsee gegenüber dem S-Bahnhof lässt sich nicht nur mit der BVG-Fähre nach Kladow ans westliche Havelufer übersetzen (► Seite 138). Angeboten werden hier auch Bootstouren durch die UNSESCO-Weltkulturerbelandschaft bis nach Potsdam. Oder man dampft auf der Sieben-Seen-Tour südlich einmal um die Insel Wannsee herum.

## Colonie Alsen

Das mittelalterliche Dorf Stolpe am Stölpchensee (► Seite 128) ist die älteste Siedlung auf der Insel Wannsee. Doch die entscheidende stadtgeschichtliche Wendung fand hier erst in der zweiten Hälfte des 19. Jahrhunderts statt. 1863 gründete der Bankier Wilhelm Conrad am westlichen Ufer des Großen Wannsees, einer damals nicht erschlossenen Gegend weit vor der Stadt, die Villencolonie Alsen, die nobelste ihrer Art. Namentlich bezog sie sich auf den 1864 kriegsentscheidenden preußischen Sieg über Dänemark auf der Insel Alsen. Conrads Konzept hatte Erfolg: Alsbald entstanden hier prachtvolle Sommervillen, fast schon Schlösschen mit prächtigen Gartenanlagen, Traumhäuser des illustren, großbürgerlichen Lebens.

Der Niedergang der exquisiten Villenkolonie ging einher mit der Enteignung und Ermordung vieler als jüdisch geltender Eigentümer durch die Nazis, deren „Prominenz“

Marinas und Bootsstege säumen die Ufer des Heckeshorn

sich daraufhin gern hier einnistete bzw. die Gebäue in nationalsozialistische Einrichtungen umwandelte. Kurz vor Ende des Zweiten Weltkriegs kam es zu Kriegsschäden, später auch zu Plünderungen. Nach Kriegsende dienten verwaiste oder verwüstete Villen als Krankenhäuser und Freizeiteinrichtungen für die westlichen Alliierten oder Schullandheime. Die Bausünden der 1970er-Jahre taten ein Übriges. Nur wenige Häuser sind noch erhalten. Das einstige Gesamtkunstwerk der Colonie Alsen kann nur noch erahnt werden.

## Heckeshorn

Heckeshorn heißt das nördlich gelegene Inselareal, wo das Mikroklima für Menschen mit Atemwegserkrankungen so ideal ist, dass eigens große Krankenhauskomplexe gebaut wurden. Sie werden heute nur noch für TV-Produktionen und vom DRK genutzt. Außerdem steht hier etwas abseits noch ein 1942/43 errichteter gigantischer Luftschutzbunker.

## Liebermann-Villa

Doch zuvor erreicht man die lichterflirrende Sommerresidenz des Malers Max Liebermann (1847–1935), eines der wichtigsten Wegbereiter der modernen deutschen Malerei. 1909 ließ er sich dieses Sommerhaus mit dem fast 7 000 Quadratmeter großen, von ihm oft gemalten Garten in wunderbarer Wasserlage nach eigenen Ideen erbauen. Heute ist es samt gepflegter Gartenanlage ein Museum.

## Haus der Wannsee-Konferenz

Die unter diesem Namen bekannte herrschaftliche einstige Villa Marlier liegt am Wasser, versteckt in einem parkähnlichen Garten. In nur eineinhalb Stunden verhandelten hier am 20. Januar 1942 15 hochrangige Vertreter der Ministerialbürokratie verschiedener Reichsministerien und der SS unter dem Vorsitz des SS-Obergruppenführers Reinhard Heydrich den Zivilisationsbruch schlechthin: die organisatorische Durchführung der Deportation und industrielle Ermordung der europäischen Juden. Heute wird in dieser Gedenk- und Begegnungsstätte über die Gräueltaten der Nazis informiert.

## Flensburger Löwe

Ein paar Grundstücke weiter führt ein breiter Spazierweg von der Straße Am Großen Wannsee zu einer ausladenden, halbrunden Aussichtsterrasse hoch über dem Wannsee. Unten schaukeln die Boote am Steg, direkt daneben ist das Fischrestaurant Bolles Bootshaus, während oben ein schneller Imbiss verfügbar ist – und das alles zu Füßen eines überwältigend großen Löwen: sieben Meter hoch samt Sockel und bekannt als der Flensburger Löwe.

Mitte des 19. Jahrhunderts fochten Deutsche und Dänen ihre Kriege aus. Deren Wappentier, der Löwe, wurde nach dem Sieg der Dänen in der Schlacht zu Idstedt (1850) aus Bronze gegossen und im (da-

Der Flensburger Löwe ist eher zufällig an den Wannsee geraten

mals) dänischen Flensburg aufgestellt. Nach einem späteren Sieg der Deutschen gelangte der Flensburger Löwe auf Geheiß des preußischen Ministerpräsidenten Otto von Bismarck nach Berlin. Hier am Wannsee steht allerdings eine Zink-Kopie, die der Bauherr der vornehmen Colonie Alsen in Auftrag gegeben und 1874 hatte aufbauen lassen. Der Originallöwe lagerte bis nach dem Zweiten Weltkrieg in Berlin, unter anderem in einer US-Kaserne im Ortsteil Lichterfelde, bis ihn der US-General Eisenhower als deutsche Beutekunst nach Dänemark zurückbringen ließ. Die Dänen restaurierten in jüngster Zeit ihren Löwen – und veranlassten wiederum den Rücktransport nach Deutschland. Dort steht er nun, allerdings nicht am Wannsee, sondern an alter Stelle: in Flensburg.

Wer hier noch keine Lust zum Umkehren hat, kann über einen bewaldeten Uferweg im großen Rund weiterlaufen bis zum Fähranleger zur Pfaueninsel (ca. 4 Kilometer). Dort besteht die Möglichkeit, den Bus 218 zurück zum S-Bahnhof Wannsee zu nehmen.

Und wer das gesamte Nordufer der Insel Wannsee ablaufen möchte, erreicht von der Pfaueninsel nach weiteren 3,5 Kilometern auf dem Uferweg die Glienicker Brücke. Der Bus 316 bringt einen von dort über die Königstraße auf direktem Weg zurück zum S-Bahnhof.

**Wo:** Wannsee
**Anfahrt:** S Wannsee
**Strecke:** Spaziergang bis Heckeshorn ca. 2,5 Kilometer (oder mit Bus 114 ab S-Bahnhof).
Wanderung zum Fähranleger Pfaueninsel (ca. 6,5 km) oder zur Glienicker Brücke (ca. 10 km).

**Liebermann-Villa**

Der Maler Max Liebermann ließ sich 1909 dieses Sommerhaus mit dem fast 7 000 Quadratmeter großen, von ihm oft gemalten Garten in wunderbarer Wasserlage bauen. Ausstellung und schönes Café.

*Colomierstraße 3 | www.liebermann-villa.de*

**Haus der Wannsee-Konferenz**

Eindrucksvolle Gedenk- und Bildungsstätte am historischen Ort.

*Am Großen Wannsee 56–58 | www.ghwk.de*

**Loretta am Wannsee**

Großer, beliebter Biergarten am S-Bahnhof mit schönem Baumbestand und Blick auf den Wannsee. Besonders schönes Licht in den frühen Abendstunden. Moderne deutsche Küche mit regionalen und saisonalen Speisen.

*Kronprinzessinnenweg 260 | www.loretta-berlin.de*

## 32 Pfaueninsel

# Trauminsel mit Märchenschloss

**Die Pfaueninsel – einst Projektionsfläche preußischer Träume vom Glück – beglückt heute als stiller romantischer Garten.**

Der Insel Wannsee ist ein romantisches Eiland vorgelagert. Uralte Bäume, klassizistische Wasserspiele, eine betagte hölzerne (Fähr-) Bootsgarage mit hübsch geschnitztem Dekor, edle Statuen, steinerne Vasen, ein duftender Rosengarten – das sind nur einige der zahlreichen Eyecatcher, mit denen die verwunschen wirkende Pfaueninsel aufwartet. Der Clou: Die idyllische Natur ist von Menschenhand gestaltet, also ein ganz starkes Stück Landschaftsarchitektur (ab 1793), an der der legendäre Gartenarchitekt Peter Joseph Lenné (1789–1866) maßgeblich beteiligt war. Er hat das Wegenetz und die Sichtachsen so angelegt, dass die über die Insel verstreuten Bauten nur aus unmittelbarer Nähe oder aus weiter Entfernung zu sehen sind: das schon als Ruine gebaute schneeweiße Schloss mit den asymmetrischen Türmen (1794) mit vorgetäuschtem Mauerwerk wirkt wie eine Filmkulisse (in den 1960er-Jahren wurden hier auch ‚echt englische' Nacht- und Nebel-Filmszenen gedreht – für die legendären Edgar-Wallace-Streifen mit Joachim „Blacky" Fuchsberger als englischem Serien-Kommissar). Auch die absichtlich an ein (verlassenes) Kloster gotischer Ausprägung erinnernde Meierei (1794) mit angrenzendem Kuhstall in Form einer Kapelle wirken bzw. sind kulissenhaft und die vom preußischen Architekten, Stadtplaner und Maler Karl Friedrich Schinkel (1781–1841) geschaffenen Bauten nicht minder. Dazu zählen das Kastellanhaus, das Schweizer Haus und das Kavalierhaus mit der imitiert-spätgotischen Fassade eines Danziger Patrizierhauses. Doch nicht nur Lenné und Schinkel haben Spuren hinterlassen.

Da gab es noch den geheimnisvollen Alchimisten Johannes Kunckel (1630–1703). Der gelernte Glasmacher sollte in der insularen Abgeschiedenheit im Auftrag des Großen Kurfürsten Gold herstellen – heraus kam aber etwas anderes: Rubinglas von besonderer Leuchtkraft und andere hochwertige Glasprodukte, die die böhmische Konkurrenz nicht zu fürchten brauchten und sich für den Großen Kurfürst als kassenfüllende Exportschlager erwiesen. Deswegen bekam Johannes Kunckel 1685 die Pfaueninsel geschenkt. Leider gingen jedoch alsbald Haus

Das weiße Schloss auf der Pfaueninsel leuchtet weithin sichtbar über die Havel

und Laboratorium in Flammen auf. Kunckel verarmte, emigrierte nach Schweden, hatte wieder Erfolg und wurde vom Schwedenkönig Karl XI. zu Johann Kunckel von Löwenstern geadelt. Ein Gedenkstein auf der Pfaueninsel erinnert an den verhinderten Goldmacher.

Sich schlängelnde Bachläufe waren ein beliebtes Stilelement für Landschaftsgärten – speziell hier kamen sie mit Wasserfällen, Fontänen und Kaskaden zu ihrer idyllischen Geltung, als ab 1825 die Erfolgsstory der Gartenbewässerung durch dampfbetriebene, in unterschiedlichste architektonische Hüllen gekleidete Wasserwerke begann: Daran erinnert das Dampfmaschinenhaus am Südufer. Die 1824 erbaute riesige Voliere mit pfeifenden und pfiffigen Papageien und Dutzenden anderer Vogelarten ist das Überbleibsel einer einstigen Menagerie mit ausschließlich exotischen Tieren, für die sich König Friedrich Wilhelm III. (1770–1840) begeisterte. An seine Gemahlin, die junge Königin Luise, die in der Meierei selber Butter herstellte und zusammen mit ihrer Familie das „Landleben" genoss, erinnert der 1829 hierher versetzte Luisentempel – einst Teil vom Mausoleum der Königin im Schlosspark Charlottenburg. Mit nur 34 Jahren war sie 1810 an einer Lungenentzündung gestorben.

Doch zuvor und zuallererst war die Insel Liebesnest für König Friedrich Wilhelm II. (1744–1797) und

Nur mit der Fähre gelangt man auf die Pfaueninsel

seine lebenslange Mätresse, die zu Beginn der Beziehung 15-jährige Wilhelmine Encke und spätere Gräfin von Lichtenau. Er ließ auch das romatische Schloss errichten, Wilhelmine übernahm die Inneneinrichtung und verwirklichte dabei zahlreiche originelle Ideen. Die Ausstattung ist nahezu ist vollständig erhalten und kann nach Abschluss der Sanierungsarbeiten hoffentlich bald wieder besichtigt werden.

Die insulare Ruhe wird weder von Autoverkehr noch von Radfahrern gestört, aber allenthalben durchfetzen schrille, klagende Schreie das Schweigen im Walde. Pfauen bevölkern zahlreich und zutraulich die Wege, Wiesen und das Unterholz und haben diesem romantischen Eiland gegenüber den dicht bewachsenen, hohen Uferhängen der Insel Wannsee zu ihrem Namen verholfen. Die Pfaueninsel heißt so seit 1795, als Friedrich Wilhelm II. die ersten dieser exotischen Vögel herbringen ließ. Und wären sie hier nicht sesshaft geworden, hieße die Stätte womöglich noch wie ehedem: Kaninchenwerder. Oder gar Büffelinsel? Denn im Umfeld der Meierei grasen außer Ponys und schwarzen Schafen friedliche asiatische Wasserbüffel mit ihren Kälbern, was den Weiden, den dunklen, struppigen Kolossen mit ihren geschwungenen Hörnern und dem Geldbeutel der notorisch klammen Landschaftspflege guttut.

**Wo:** Wannsee
**Anfahrt:** Bus 218 Pfaueninsel ab S Wannsee oder ab U Theodor-Heuss-Platz. Die Insel ist nur mit der Fähre erreichbar (4 €, Eintritt zur Pfaueninsel inkl.)

**Kaffeegarten auf der Liegewiese**
Getränke, Kuchen, Eis, kleine Speisen, zwanglos im Grünen mitten auf der Insel.

*https://kaffeegarten-pfaueninsel.eatbu.com*

**Wirtshaus zur Pfaueninsel**
Traditionsreiches Gartenlokal und Restaurant direkt an der Fähre zur Pfaueninsel.

*Pfaueninselchaussee 1 | www.pfaueninsel.de*

**Badestelle Pfaueninsel**
Gegenüber der Insel und nur ein paar hundert Meter von der Fähre entfernt. Sandstrand, Liegewiese, schattenspendende Buchen, Toilette und DLRG-Station.

## 33 Schlosspark Glienicke

# Mittelmeer-Träumerei am Wannsee

**Das einstige Landgut Glienicke erstreckte sich über Wiesenflächen mit baumbestandenen Hügeln, die sanft an die Havelufer hinabschwangen. Diesen „Pleasureground" hatte der Gartenkünstler Peter Joseph Lenné für Karl August Fürst von Hardenberg geschaffen. Seine heutige Gestalt verdankt das Ensemble aber seinem späteren Eigner, Prinz Carl von Preußen.**

1823 kam jener Prinz Carl von einer Italienreise zurück, begeistert von der Schönheit der Antike. Ihm schwebte die Realisierung einer frei nachempfundenen, großzügig gestalteten Villa vor. Mit dem Architekten Karl Friedrich Schinkel fand er den kongenialen Partner und mit dem Landgut Glienicke den perfekten Ort für seinen italienischen Traum. Er ließ das alte Gutshaus im klassizistischen Stil umbauen.

Der sprachlichen Eleganz des Wortes *Ensemble* entspricht bei Schloss Glienicke die architektonische. Das ocker-pastellfarbene Anwesen mit Brunnenfontäne und güldenen Löwenskulpturen auf hohen Säulen wirkt wie verwoben mit dem sanften Auf-und-Ab des umgebenden Parks. Ein gartenkünstlerisches Meisterstück.

Als leidenschaftlicher Sammler schöner Dinge schmückte der Prinz Schloss- und Gartenräume mit Exponaten seiner großen Antiken-Sammlung, die an den Fassaden einer Open-Air-Galerie gleichkommen. Innen leuchten die Salons und Räume in kräftigem Rot, in Dunkelblau und Grün. Herzstück ist der Rote Saal, der Festsaal des Schlosses.

Prinz Carls Vision war von Anbeginn das harmonische Zusammenspiel von Architektur und Natur. So legte der Gartenkünstler Peter Joseph Lenné den Schlosspark in enger Abstimmung mit Schinkel an. Die Aussichtspavillons tragen so hübsche Namen wie Kleine und Große Neugierde, weil von dort aus beobachtet werden konnte, wer aus Berlin bzw. Potsdam kommend die nahe Glienicker Brücke überquerte.

### Glienicker Brücke

Während des Kalten Krieges verlief genau in ihrer Mitte die innerdeutsche Grenze, bekannt auch als Treffpunkt zum Austausch von Agenten. Kurios: Von weitem gesehen, schimmern die Streben der metallenen Brücke je zur Hälfte in zwei unterschiedlichen Grüntönen. Die östliche heller, die westliche dunkler. Als

Mit antiken Skulpturen schmückte Prinz Carl sein Schloss

die Brücke in Übereinkunft der vier Alliierten restauriert werden musste, übernahm die Kosten „der Westen". Mithin auch das Material für den Farbanstrich. „Der Osten" sparte, panschte und verdünnte den Lack – augenfällig bis heute.

Zur wieder vereinten Schlösserlandschaft gehört auch das romantische Schloss Babelsberg. Das erhebt sich auf einem hohen Hügel auf Potsdamer Seite und ist gleichfalls von einem Park umgeben. Von dort aus sind die Ausblicke hinüber zum Jagdschloss am in die Havel mündenden Teltowkanal zu genießen. Und zum Schloss Glienicke, dem einzigartigen Mitglied jenes Ensembles, das zu Recht als „Preußisches Arkadien" firmiert.

## Moorlake und Nikolskoe

Der Schlosspark Glienicke erstreckt sich, von Wegen durchzogen, nach Norden weit an der Havel entlang. Hinter dem Krughorn, der Anlegestelle des Potsdamer Wassertaxis, liegt in einer schmalen Bucht das Traditionsgasthaus Moorlake. Und nur einige hundert Meter weiter erreicht man das nicht minder pittoreske Blockhaus Nikolskoe im russischen Stil. Preußenkönig Friedrich Wilhelm III. hatte es zu Ehren seines Schwiegersohns, des russischen Großfürsten und späteren Zaren Nikolaus I. errichten lassen. Auch die benachbarte evangelische Kirche St.-Peter-und-Paul setzt mit ihrer Zwiebelkuppel einen bewusst russischen Akzent.

**Wo:** Wannsee
**Anfahrt:** Bus 316 ab S Bhf. Wannsee

**Schloss Glienicke**
Besichtigung nur mit Führung.

*Königstr. 36 | www.spsg.de | Nov.-März nur Sa/So, Apr.-Okt. Di–So*

**Blockhaus Nikolskoe**
Traditionsrestaurant im Stil eines russischen Blockhauses mit wunderbarer Höhenterrasse.

*Nikolskoer Weg 15 | www.blockhaus-nikolskoe.de*

**Wirtshaus Moorlake**
Über 100-jährige Gastro-Tradition. Sehr schöner Fachwerkbau mit großem (Bier-)Garten direkt am Wasser, umgeben von dichtem Wald.

*Moorlakeweg 6 | www.moorlake.de*

**Restaurant Schloss Glienicke**
In der Remise von Schloss Glienicke, eingebettet in die Parklandschaft und nur wenige Meter vom Havelufer entfernt. Gastronomie für gehobene Ansprüche.

*Königstr. 36 | www.schloss-glienicke.de*

**Mutter Fourage**
Zwar nicht am Wasser gelegen, dafür ungemein stimmungsvoll im mediterran anmutenden Ensemble einer um 1900 gegründeten Futtermittelhandlung. Uriger kulinarischer Kunst- und Veranstaltungsort: Hofcafé und Naturkostladen, Galerie und Gärtnerei.

*Chausseestraße 15a | www.mutter-fourage.de*

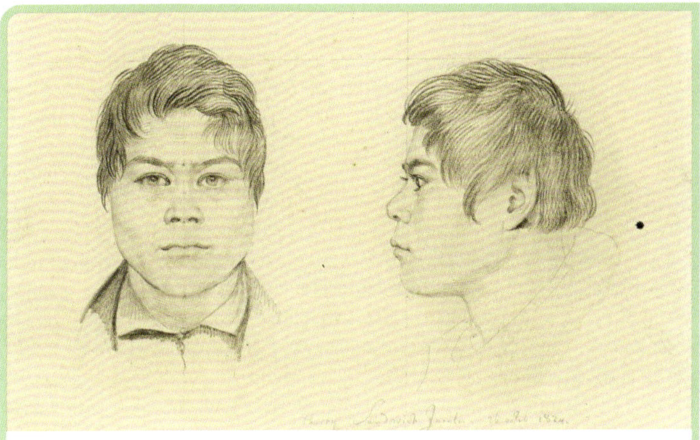

Der etwa 17-jährige Harry Maitey, Zeichnung von Johann Gottfried Schadow

## Von Polynesien auf die Pfaueninsel

Während der ersten preußischen Weltumseglung von Bremen über Kap Hoorn nach Valparaiso und Polynesien, weiter nach Kanton und über Java zurück nach Swinemünde war 1823 das Handelsschiff „Mentor" am O'ahu-Eiland angelandet. Das gehörte zur Gruppe der Sandwich Islands, heute unter dem Namen Hawaii bekannt. Auf eigenen Wunsch ging ein junger Polynesier an Bord der Fregatte und ließ sich mitnehmen in das unbekannte, ferne Preußen. Den Vornamen Harry hatte er sich selbst gegeben, sein später regulärer Nachname Maitey war ihm auf der „Mentor" verpasst worden, entlehnt seinen begeisterten Ausrufen „Maitai-Maitai".
Harrys biografische Eckdaten lesen sich rasant: 1825–1827 Schulausbildung, Deutsch lernen, Gedankenaustausch mit Wilhelm von Humboldt über die hawaiische Sprache, was u. a. die Grundlage der Humboldt'schen Forschungen zu den malayo-polynesischen Sprachen bildete, 1830 Taufe, Konfirmation mit den weiteren Vornamen Heinrich Wilhelm, Mündel des Königs, Assistent beim Maschinenmeister auf der Pfaueninsel, der ihn zum Drechsler, Schlosser und Tischler ausbildete, 1833 Hochzeit mit Dorothea Charlotte Becker mit Nachwuchs und zunehmender Verwandtschaftsfolge, dann zugeordneter königlicher Hofgärtner und zugleich am Hofe geschätzter Schnitzkünstler von Miniaturrepliken berühmter Schlösser und Kathedralen aus Elfenbein und Perlmutt.
Harry Heinrich Wilhelm Maitey starb am 26. Februar 1872 mit 64 Jahren an einer Pockenerkrankung als Rentenempfänger des Königs. Sein Grab befindet sich auf dem kleinen Friedhof nicht weit von der Kirche St. Peter und Paul auf der anderen Seite des Nikolskoer Wegs, nahe der Pfaueninsel. Es ist auch die letzte Ruhestätte seiner Frau und seiner Schwiegereltern.

## 34 Pohlesee und Stölpchensee

# Im Windschatten des Wannsees

**Auf Uferwegen am Pohlesee und Stölpchensee spaziert man durch den grünen Düppeler Forst. Mit Blick auf die noblen Grundstücke gegenüber planschen hier unbeschwert Mensch und Tier.**

Vom S-Bahnhof Wannsee kommend bleibt man auf der Festlandsseite und schlägt die parallel zu den Gleisen verlaufende Bismackstraße ein. An der Grundstücksnummer 2 liegt eingebettet in eine terrassierte Gedenkstätte ein Grab. Am 21. November 1811 hatte der 34-jährige Dichter Heinrich von Kleist hier erst seine 31-jährige Freundin Henriette Vogel und dann sich selbst erschossen.

Vorbei geht es an Villen in abgeschirmten Grundstücken, deren Bewohner man selten beim Discounter treffen dürfte. Aber darüber zu spekulieren, ist nicht Sinn und Zweck dieser schönen Ausflugsempfehlung. In der Wendeschleife der Bismarckstraße zweigt rechts ein Waldweg ab und führt hinunter ans Wasser, wo man auf schattigen Wegen und Pfaden dem Ufer des Kleinen Wannsees folgt. Bei schönem Wetter ist reichlich was los: Boote jeglicher Art kreuzen Richtung Großer Wannsee und in die entgegengesetzte Richtung: Ausflugsdampfer, riesige Jachten, wie man sie eher am Mittelmeer verorten würde, Ruderboote, Picknick-Hausboote, Gummi- und Motorboote jeglichen Typs. Und Hunde. Keine Seehunde, sondern Vierbeiner jeder Größe, Farbe und Form. Die genießen den Sprung ins kühle Nass, das sich hier angenehm erwärmen kann und an etlichen kleinen Sandbuchten auch Zweibeiner anlockt. Das dicht bewaldete Areal längs des Kleinen Wannsees und des anschließenden, sich weitenden Pohlesees ist ein riesiges offizielles Hundeauslaufgebiet. Das jenseitige und nicht öffentlich zugängige Ufer mit Marina, beeindruckenden Wassergrundstücken und dem weithin sichtbaren Schäferberg mit dem wuchtigen Beton-Funk- und Ex-Fernsehturm gehört zum Ortsteil Wannsee.

Die beiden Seen sind genau genommen ein Nebenarm der Havel, die die Insel Wannsee auf der anderen Seite umströmt. Über den Stölpchen- und den Griebnitzsee vereinen sich die Wasserstrecken im Osten der Insel wieder im Bereich der Glienicker Brücke.

Am Stölpchensee lädt der alte Dorfkern des Ortes Stolpe direkt hinter der Alsenbrücke zum Besuch

Elegant erhebt sich die Stülerkirche am Ufer des Stölpchensees

der hübschen alten Dorfkirche ein. Sie wurde bis 1859 vom Leiter des preußischen Hof- und Staatsbauwesens Friedrich August Stüler nach einer Idee von König Friedrich Wilhelm IV. erbaut. Das Glockenspiel im ockerfarbenen Turm spielt zu jeder vollen Stunde einen von drei Chorälen passend zum Kirchenjahr.

Nur ein paar Schritte weiter geht es im Restaurant Zum Grünen Baum, untergekommen in einem ebenfalls denkmalschützten alten Haus, anregend lukullisch-kulinarisch zu.

Wieder den Uferweg zurück, können von Weitem an dem scharfen Knick zwischen Pohlesee und Kleinem Wannsee eigenartige Assoziationen aufkommen – zumindest, wenn zwischen dem beidseitigen grünen Dickicht ein langsames Ausflugsschiff auftaucht. Man wähnt sich in einen Film versetzt, und zwar in eine Szene von „Fitzcarraldo“ (Regie: Werner Herzog, 1983). Darin spielt der exzentrische Schauspieler Klaus Kinski einen nahezu irren Visionär, der im unberührten Amazonas-Dschungel ein großes Opernhaus bauen will. Dafür hat er sich einen alten Flussdampfer gekauft, um so in ein unerschlossenes Kautschukgebiet zu schippern, wo er hofft, Geld für sein irrwitziges Vorhaben erwirtschaften zu können … Hier geht's indes undramatisch zu – bei Kaffee, Kuchen oder Würstchen und Bierchen auf dem Sonnendeck des Dampfers.

Östlich der Alsenbrücke weitet sich ein schmaler Wasserlauf zum Pohlesee

Wer indes den Ausflug noch weiter ausufern lassen möchte, kann ab dem Stölpchensee der bewaldeten Kohlhasenbrücker Straße bis zum Stölpchenweg und zur Hubertusbrücke folgen. Diese queren und dann linker Hand den Waldwegen folgen. Eine Übersichtstafel veranschaulicht, wie und wo es weitergehen kann: entweder wasserseitig am Prinz-Friedrich-Leopold-Kanal entlang bis zum Griebnitzsee oder über mäandernde Pfade hinweg und hinauf zum Moritzberg (► Seite 77). Von dieser einstigen, längst renaturierten Mülldeponie weitet sich ein 360°-Panorama über Wannsee hinaus. Denn in diesem Ortsteil, also auf der Insel Wannsee, ist man inzwischen längst angelandet.

**Wo:** Wannsee
**Anfahrt:** S Wannsee
**Strecke:** Ca. 3,5 km bis zur Kirche am Stölpchensee, von dort zurück mit Bus 118

**Restaurant Zum Grünen Baum**
Speisen à la Carte sowie festliche Buffets. Mit Außenbereich für bis zu 100 Gäste.

*Wilhelmplatz 4 | www.wiesenstein.de*

**Bootstour**
Statt der Uferspaziergänge bietet sich in der Sommersaison auch eine Fahrt mit dem Ausflugsschiff ab/bis Fährstation Wannsee über die südliche Seenkette an.

*z. B. 7-Seen-Rundfahrt mit Stern und Kreis | www.sternundkreis.de*

# Floßfahrt über den Stößensee

**Das wäre doch mal was! Selbst ist der Kapitän! Oder die Kapitänin! Bei einer Floßbootstour mit nur wenigen Handbreit Wasser unterm Kiel.**

Wo die Heerstraße in luftiger Höhe die Havel überquert, ist diese nur 50 Meter breit und teilt das Festland in die Halbinseln Pichelswerder und Pichelsdorf. Damit Bootsführer von Süden her kommend auch nächtens die Einfahrt finden, strahlt dort das Leuchtfeuer Pichelsdorfer Gmünd West. Die angrenzenden ruhigeren Buchten abseits des Schiffsverkehrs auf der Havel sind wie gemacht für gemächliche Erkundungs- und Badefahrten. Am gemächlichsten geht das mit einem Floß.

Wobei nicht an ein paar zusammengebundene Holzstämme zu denken ist. Vielmehr schippert man auf einer Art Hausboot oder schwimmendem Laubenpieper-Häuschen herum. Mit allem Drum und Dran, wie man es bei Schrebergärtnern vermutet: Mit Grill und Klo sowie Sitzbänken auf der kleinen Terrasse bei gutem Wetter – überdacht bei weniger gutem. Passagiere erheben die Gläser und picheln ein Bierchen oder Weinchen. Liegt schließlich nahe bei Ausflugsfahrten ab Pichelswerder. Gemütlich geht es rund um diese Halbinsel oder hinüber zur Scharfen Lanke und dann weiter hinaus auf die breite Havel. Oder natürlich zum Stößensee im Osten und von dort hinein in das urige Wasseradergeflecht von Klein-Venedig (► Seite 106)

Der Stößensee ist in die Geschichtsbücher der Ost-West-Konfrontation im Kalten Krieg eingegangen. Am 6. April 1966 stürzte ein sowjetischer Abfangjäger (Jak-28P) in das Gewässer. Die beiden Piloten und Familienväter Boris Kapustin und Juri Janow lenkten die Maschine gezielt an diese Stelle. Sie waren vom Militärflugplatz Eberswalde-Finow gestartet und flogen in Richtung West-Berlin. Ziel war der sowjetische Flugplatz Köthen. Zwölf Minuten nach dem Start, kurz nachdem das Flugzeug die vorgegebene Flughöhe von 4700 Metern erreicht hatte, meldete der Pilot den Ausfall beider Triebwerke. Die Maschine raste manövrierunfähig auf die Wohngebiete von Westend und der Spandauer Wilhelmstadt zu. Die Besatzung soll die Erlaubnis gehabt haben, per Schleudersitz auszusteigen. Kapustin forderte angeblich seinen Co-Piloten Janow unmittelbar vor

Mit dem Floß tuckert man gemütlich die Havel entlang

dem Aufprall auf, den Auslöser zu betätigen, was aber nicht geschah. Andernfalls hätte das zu einer Schneise der Verwüstung mit Toten und Verletzten geführt.

Die Absturzstelle lag im britischen Sektor. Noch bevor sowjetische Einsatzkräfte eintrafen, hatten die Briten sie weitläufig abgesperrt, denn für die Londoner Geheimdienste war das Unglück ein makabrer Glücksfall. Sie hatten die Chance, Erkenntnisse über die neueste sowjetische Technik zu gewinnen. Tagelang bauten ihre Taucher Teile des Flugzeuges auseinander.

Die geborgenen Leichen der Piloten wurden von den Briten mit allen militärischen Ehren übergeben. Eine Woche nach dem Absturz händigte man auch die Wrackreste an Einheiten der Sowjetarmee aus – ohne die ausgebauten Systeme und die Triebwerke. Letztere wurden erst später aus dem See geborgen und verdeckt, ohne sowjetische Kenntnisnahme, zum seinerzeitigen britischen Militärflughafen Berlin-Gatow gebracht, wo sie technisch untersucht wurden.

Der Vorfall ist nicht vergessen. Eine Tafel am rostigen Geländer der Stößenseebrücke erinnert an die Flieger: „… ein Zeichen der Menschlichkeit in Zeiten des Kalten Krieges“. Der damalige West-Berliner Regierende Bürgermeister Willy Brandt ehrte die „Heldentat“ der beiden Piloten posthum.

Auch die Scharfe Lanke ist mit dem Floß von Pichelswerder aus gut erreichbar

Wer Pichelswerder zu Fuß erkunden möchte, erreicht über den Siemenswerderweg ab der Heerstraße ein hügeliges und bewaldetes Gelände, durch das sich zahlreiche Pfade winden. Der Sondenplatz A der Berliner GASAG deutet auf den gigantischen Erdgasspeicher hin, der sich hier und im weiteren Umfeld befindet. Er sollte seinerzeit die Unabhängigkeit West-Berlins von externen Gaslieferungen in Krisenzeiten sicherstellen!

Wege und Treppen führen an den südlichen Ausläufern des Waldes hinab zu einer hellsandigen Badestelle, auf der Anhöhe führt der Waldweg in Hanglage entlang mit immer wieder schönen Ausblicken auf den Stößensee.

**Wo:** Spandau
**Anfahrt:** Bus M49 Pichelswerder

**Floßverleih Berlin Piratas**
Flöße ab 12 Personen mit 15-PS-Motor (führerscheinfrei) mit Grill, Toilette, überdachter Veranda und Terrasse. Auch Verleih von Kanus/Kajaks und SUP-Boards (an anderem Standort!).

*Flöße: Marina Tonis Werft | Heerstraße 199b | Kanu/Kajak/SUP: Siemenswerderweg 30 | www.berlin-piratas.de*

**Waldschänke am Stößensee**
Kultiger Imbiss

*Heerstraße 185, direkt an der Zufahrt nach Pichelswerder*

## 36 Haveldüne Spandau

# Sandberg mit Aussicht

**Hat man selten in Berlin, diese Kombination von Höhe, Horizont, Landschaft und Wasser! Es öffnet sich ein weites Panorama – nach drüben und nach unten.**

Drüben: die hügelige Silhouette des Grunewaldes, aus der links ein paar entfernte Hochhausetagen herausragen. Unten: die breite Havel, mit ihrem regen Schiffsverkehr zu fast jeder Jahreszeit und die große Marina Lanke mit vielen Sport- und Segelbooten. Weit schweifen die Blicke nach links und ganz weit nach rechts, südwestwärts der Havel folgend.

Das Sträßchen, das einen an diesen ungewöhnlichen Ort führt, heißt Zur Haveldüne und zweigt ab von der Gatower Straße in Spandau. Haveldüne? Ein Höhenzug, ja, und vielfältig bewachsen. Nichts erinnert an eine Düne – nicht mehr. Nach der sowjetischen West-Berlin-Blockade

Schöne Aussicht über die Scharfe Lanke und bis zum Teufelsberg

(1948/49) wurde die Düne teilweise abgetragen und für Bausand verwendet, bis der hohe Hügel drohte, in die Havel abzurutschen. Die Arbeiten wurden deshalb eingestellt und die Düne mit Humus versehen und bepflanzt. Leider nicht mit Weinstöcken. Denn ganz früher wurde hier sogar mal Wein angebaut. Daran erinnern Straßennamen, wie der von der Zur Haveldüne abzweigende Weingartenweg und Weinmeisterhornweg, der Küfersteig und der Keltererweg.

Der Fußweg kann nach rechts, also in südlicher Richtung, fortgesetzt werden. Hinab ans Ufer und dann entlang der Dr. Kleusmann-Promenade bis zur öffentlich nicht zugänglichen, 1907 bis 1908 im englischen Landhausstil erbauten Villa Lemm – bis 1990 der Wohnsitz des britischen Stadtkommandanten. Der bekannte Unternehmer und Kunstmäzen Hartwig Piepenbrock (verstorben) erwarb 1995 mit seiner Frau Maria-Theresia die Villa. In Zusammenarbeit mit dem Landesdenkmalamt Berlin ließ er das Anwesen bis 1997 komplett sanieren und vor allem die Gartenanlage wieder in den historischen Stand zurückführen. Parallel zum Grundstück führt die Straße Am Ortsrand zur Gatower Straße.

**Wo:** Spandau
**Anfahrt:** Bus 134, X34 Haveldüne

# Mit der BVG-Fähre nach Kladow

**Kladow am Westufer der Havel war früher der letzte Zipfel West-Berlins. Den charmanten Spandauer Ortsteil steuert man am besten von Wannsee aus übers Wasser an.**

Und zwar zum BVG-Tarif: Die Fähre F10 legt nahe dem S-Bahnhof Wannsee ab und schippert über die Havel. Nur Rundfahrten sind nicht gestattet. Nach der Überfahrt müssen Fahrgäste die Fähre verlassen.

## Inseln Imchen und Kälberwerder

Vor dem Kladower Hafen werden zwei weitere Inseln von den Havelwellen umspült – vornehmlich von jenen, die die vielen Boote und auch die Fähre erzeugen.

Die kleine Insel Imchen liegt direkt vor der Hafeneinfahrt und ist seit 1933 Naturschutzgebiet. Sie misst mitsamt dem umgebenden Wasserschutzgebiet etwa fünf Hek-

Ein wirklich schönes Fleckchen Erde: Gutspark Neukladow mit weitem Havelblick

tar, ist fast vollständig zugewachsen und darf nicht betreten werden. Hier nisten viele Vogelarten, sogar ganze Graureiher- und Kormorankolonien, die man von der Fähre aus meist sehen kann. Der Inselname leitet sich wahrscheinlich von „Imme" ab – der alten Bezeichnung für die (Honig-)Biene.

Auf der um die 5000 Quadratmeter umfassenden Insel Kälberwerder mitten in der Havel genießen die Mitglieder des Ruderclubs am Wannsee ihr Robinson-Dasein. Außer ihnen dürfen nur Gäste das Eiland betreten, das in Privatbesitz ist. Im Windschutz der Insel, auf der einst Rinder weideten, nutzen allerdings Segler die maritimen Gefilde oft als (nächtlichen) Ankerplatz.

## Kladow

Der Ort selbst punktet mit Pastorat, Feuerwache, einem liebevoll mit Blumen geschmückten Dorfanger, niedrigen alten Häuschen mit kleinen Läden, mit der Dorfwirtschaft, einer über 500 Jahre alten Linde und der hübschen kleinen Kirche sowie einem überschaubaren Einkaufszentrum. Und natürlich mit dem Hafen! Die Imchenallee ist hier eine schnuckelige Uferpromenade. Fährpassagiere erwarten hier Open-Air-Restaurants direkt am Wasser, schaukelnde Segel- und Motorboote in der kleinen Marina, schöne weite Ausblicke über die Havel hinweg zur entfernten grünen und leicht hügeligen Ufersilhouette. Das da drüben soll Berlin sein?!

Auf dieser Uferseite macht sich das Großstadt-Feeling rar, und dennoch: Kladow, dieser Ortsteil Spandaus, ist zwar idyllisch, aber alles andere als ländlich-verschlafen. Die über 1000 Jahre alte Siedlung boomte besonders Anfang des 20. Jahrhunderts, als die wohlhabenden Berliner die Hanglagen an der Havel als Standorte für ihre Sommerresidenzen entdeckten. Dementsprechend gibt es hier etliche alte Dorfhäuser, aber auch italienisch anmutende, imposante und pastellfarbene neoklassizistische Villen an den Uferhängen.

## Gutspark Neukladow

Der allzeit offene Gutspark Neukladow befindet sich etwas nördlich des Fähranlegers Kladow und ist über die hier autofreie Imchenallee zu erreichen. Der zu jeder Jahreszeit idyllische Landschaftspark liegt in herrlicher Plateau-Lage mit enormer Weitsicht. Das Herrenhaus wurde um 1800 errichtet und beherbergt heute ein schönes Sommercafé und Restaurant. Das Anwesen wird auch kulturell genutzt und es finden hier Lesungen, Konzerte und Ausstellungen statt.

## Landhausgarten Dr. Fränkel

Weiter am Ufer entlang der Imchenallee stadtauswärts und anschließend dem Sakrower Kirchweg folgend gelangt man zum Landhausgarten Dr. Fraenkel. Diese denkmalgeschützte terrassierte Anlage mit Rosen-, Obst- und Gemüsegarten entstand um 1920 neben der Sommerresidenz für den Berliner Bankier Dr. Max Fraenkel und befindet sich in reizvoller Lage am Steilhang zur Havel. Der Schmuckgarten mit Mauern und Treppen aus Natursteinen, einem natürlich geformten Wasserbecken und einer naturhaften Wassertreppe mit vier höher gelegenen Teichbecken ist öffentlich zugänglich und bietet auch Lukullisches. Der Kulturgarten mit Haupthaus und Café öffnet regelmäßig seine Pforten zu besonderen botanischen Anlässen und zieht Gartenfreunde aus Nah und Fern zu floristischen Blütenzaubereien an.

**Wo:** Kladow

**Fähre F10:** Wannsee–Kladow
BVG-Einzelfahrschein AB, auch auf der Fähre erhältlich. 60 Fahrradstellplätze, barrierefreier Ein- und Ausstieg.

*Mo–Fr stündlich 6–21, Sa 7–21, So 9–21 Uhr (im Winter nur bis 19 Uhr)*

**Landhausgarten Dr. Fraenkel**
Gartendenkmal am Havelufer mit Sommercafé.

*Lüdickeweg 1 | www.sommercafe-kladow.de | Café: Apr.–Okt. Fr–So 10–18 Uhr, Garten auch Mo–Do 7.30–14 Uhr*

**Gutshaus Neukladow**
Wunderschöner Havelblick.

*Neukladower Allee 9–12 | www.gutshausneukladow.de*

## Badestellen am Westufer der Havel

 **Badestelle Breitehorn**

Zu erreichen über den Breitehornweg am Kladower Damm bzw. am Uferradweg zwischen Gatow und Kladow. Der schmale Sandstrand und das Restaurant werden auch gern von Gästen des direkt anliegenden Campingplatzes genutzt.

*Anfahrt: Buslinien: 134, X34, N34 – Haltestelle: Breitehornweg*

 **Restaurant Salt-n-Sugar**

An der Badestelle Breitehorn. Bar, Café, große Außenterrasse.

*Breitehornweg 36 | www.salt-n-sugar.de*

 **Badestelle in Alt-Gatow**

Vom Parkplatz Alt-Gatow aus fußläufig zu erreichen. Liegewiese.

 **Restaurant Kleine Badewiese**

Kleines, maritimes Ausflugslokal direkt am Wasser. Terrasse und Gastraum mit jeweils 50 Sitzplätzen.

*Am Wiesenhaus 8 | www.kleine-badewiese.de*

**Große Badewiese Gatow**

Mehrere kleine Badestellen. Mit DLRG Wasserrettungs- und Sanitätsstation. Beliebter (Grill-)Platz zum Feiern, wobei das Grillen auf öffentlichen Plätzen in Kladow/Gatow/Spandau generell verboten ist.

*Seepromenade 1 | spandau.dlrg.de*

Ein von vielen kleinen feinsandigen Badestellen an der Havel

38 Sacrow

# Das Kirchen-Schiff

**Auch die Heilandskirche am Port von Sacrow sowie das benachbarte Schloss gehören zum Ensemble des „Preußischen Arkadiens", in dem Architektur und Natur zu einer harmonischen Einheit verschmelzen.**

Nähert man sich dem Ort Sacrow zu Fuß von Kladow über den Sakrower Kirchweg (der schreibt sich wirklich mit „k"), wird man am Ortsausgang mit dem spektakulärsten Blick über die Havel und den Wannsee belohnt, den Kladow zu bieten hat. Danach beginnt Natur pur, entweder über einen Trampelpfad direkt am Havelufer oder zur Rechten am ehemaligen Grenzzaun entlang über die Kladower Straße durch den Brandenburger Wald. Vom Fähranleger Kladow bis nach Sacrow sind es zu Fuß etwa 5,5 Kilometer.

Die außergewöhnliche Sacrower Heilandskirche mit ihren umläufigen Kolonnaden steht auf einer hervorspringenden Landzunge, also gleichsam im Wasser, und erinnert ein wenig an ein Schiff. Erreichen lässt sie sich jedoch nur von der Landseite aus, und zwar zu Fuß durch den Sacrower Schlosspark. Im italienischen Stil mit freistehendem Glockenturm wurde sie unter Federführung des preußischen Königs Friedrich Wilhelm IV. in den Jahren 1840–1844 von Ludwig Persius errichtet, der auch den Umbau des einstigen Gutshauses zum (bescheidenen) Schloss Sacrow verantwortete. Bei der Gestaltung des umgebenden Parks und der Bucht war der Gartenkünstler Peter Joseph Lenné federführend – die Sichtachsen, beispielsweise hinüber zur Pfaueninsel, hatte er fest im Blick.

Zu DDR-Zeiten stand die Heilandskirche im Niemandsland vor der Grenzmauer und verfiel. Den drohenden Abriss vermochte die energisch protestierende Gemeinde noch zu verhindern. Nach dem Mauerfall konnte das gesamte Bauwerk gerade noch rechtzeitig umfassend restauriert werden. Zusammen mit den vielen Berliner und Potsdamer Schlössern zählt diese gestaltete Havellandschaft heute zum Weltkulturerbe der UNESCO.

**Wo:** Potsdam-Sacrow
**Anfahrt:** Von Kladow zu Fuß oder mit Bus 697 bis Schloss Sacrow

**Heilandskirche Sacrow**
Die Kirche ist regelmäßig geöffnet, Zeiten siehe Website.
*www.heilandskirche-sacrow.de*

In exponierter Wasserlage: die Sacrower Heilandskirche

39 Groß Glienicker und Sacrower See

# Glasklares Wasser

**Zwei herrlich klare Badeseen mit bis zu vier Metern Sichttiefe findet man im Havel-Hinterland bei Kladow.**

Der Groß Glienicker See hat eine (Berlin-)Kladower und eine Brandenburger Hälfte. Vor dem Mauerfall war hier Grenzgebiet und der See tabu – heute ist die Badestelle am westlichen Ufer in Groß Glienicke sogar die etwas trubeligere. Für Kinder ist sie mit ihrem flach abfallenden, schmalen Sandstrand gleich hinter der Seepromenade sehr gut geeignet. Außerdem hat man von hier einen schönen Blick auf die zwei Mini-Inseln in der Seemitte. Trotz sinkenden Wasserspiegels ist die Wasserqualität hervorragend.

Zwei weitere Badestellen gibt es am Ostufer, also in Kladow: Im Nordosten ist der Strand an der Pferdekoppel ein beliebter Treff-

Knallgelbes Gummiboot am Westufer des Groß Glienicker Sees

punkt bei Jugendlichen. Weiter südlich liegt das Moorloch mit großer Liegewiese, Beachvolleyballplätzen, saisonal besetzter DLRG-Station sowie dem Restaurant und Biergarten Bootshaus mit Bootsverleih. Auch dieser flache Sandstrand ist für Kinder gut geeignet.

Von hier ist es zu Fuß dann nicht mehr weit zum Nordufer des Sacrower Sees, der mitten im Naturschutzgebiet Königswald liegt. Wassersport ist hier untersagt, aber mit dem flachen und breiten Sandstrand und sehr sauberem Wasser ist der Sacrower See ein Paradies für Schwimmer. Wer Lust hat, schließt noch einen Spaziergang durch den Königswald an.

**Wo:** Kladow (Spandau)
**Anfahrt:** Moorloch: Bus X34, 135 bis Waldalle und 10 Min. Fußweg
Pferdekoppel: Bus X34, 135 bis Kurpromenade
Westufer: Bus 604, 638 Am Anger

**Bootshaus Kladow**
Ausflugslokal mit wechselnden Wochengerichten und Tapas.
*Verlängerte Uferpromenade 21*

**Tauchbasis am Glienicker See**
Die Badestelle Moorloch ist bei Tauchern beliebt. Gute Sichtweiten, moderate Tiefen und viel Fisch. Diverse Angebote, auch Anfängerkurse. Direkter Anschluss zum Restaurant Bootshaus.
*www.tauchzentrale.de/tauchbasis*

# Tegeler See

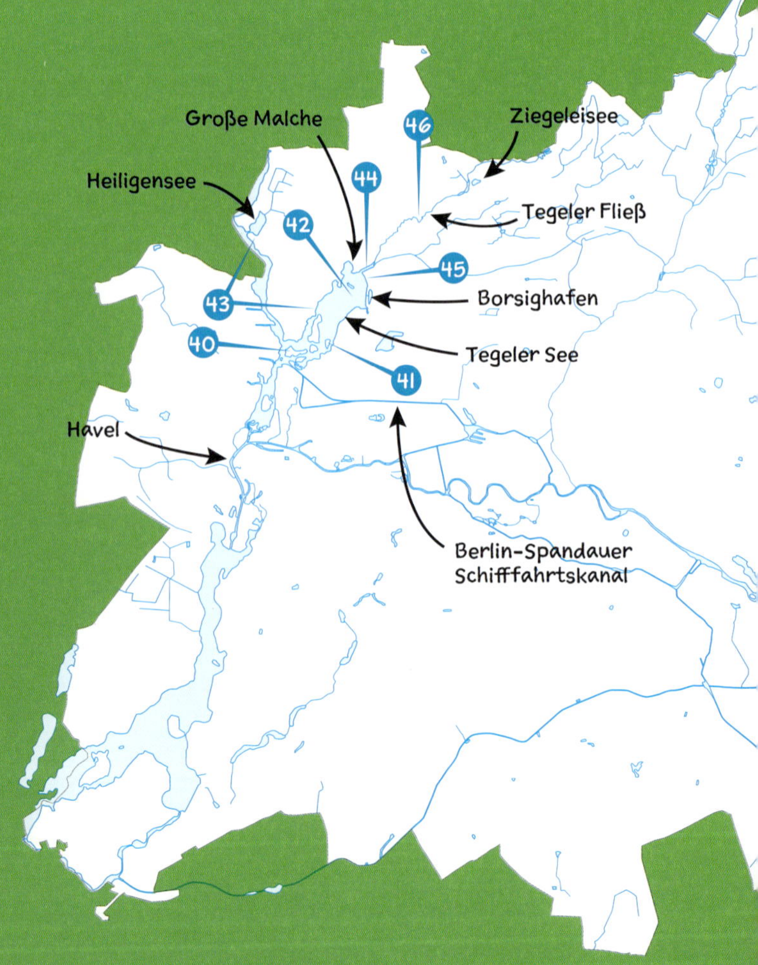

Große Malche
46
Ziegeleisee
44
Heiligensee
42
Tegeler Fließ
45
43
Borsighafen
40
Tegeler See
41
Havel
Berlin-Spandauer
Schifffahrtskanal

Der Tegeler See und seine ebenfalls wasserreiche Umgebung gleichen einer Erlebniswelt. Schon deshalb, weil sich hier urbanes Leben, maritimes Flair und eine sich automatisch einstellende Entschleunigung ergänzen, schöne Strände und üppig grüne Inseln inklusive. Und da ist die autofreie Greenwichpromenade, eine für eine mitteleuropäische Großstadt fernab jeglicher Meeresgestade ungewöhnliche Flaniermeile.

An zahlreichen Landungsstegen warten hier die Ausflugsdampfer inmitten unzähliger Schwäne und Enten auf Gäste. Die Routen führen mehrstündig bis ganztägig über den Tegeler See zur Havel nach Süden in Richtung Wannsee, auch stadteinwärts oder in Richtung Heiligensee in die nördliche Peripherie. Wem eher an einem Kurzausflug gelegen ist, kommt am oder auf dem Tegeler See nicht am Insel-Hopping vorbei.

40 Valentinswerder

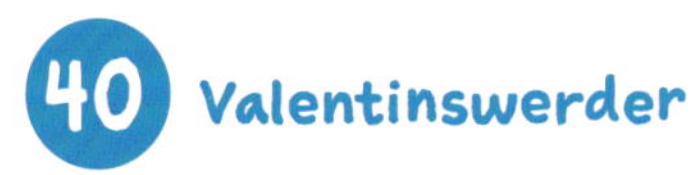

# Mini-Villen im Tegeler See

**Die Fähre „Odin" bietet sich zum Inselhopping über den Tegeler See an. Sie verkehrt zwischen dem Ortsteil Saatwinkel an der Jungfernheide und steuert von dort erst die Anlegestelle Tegelort/Hakenfelde an, bevor sie zur Havelspitze in Spandau fährt – und wieder zurück.**

Egal in welche Richtung man fährt, immer passiert die Fähre die bewohnten und zugänglichen Inseln Maienwerder und Valentinswerder sowie die kleine, baumbestandene und unbewohnte Insel Großer Wall.

## Valentinswerder

Empfehlenswerter Landgang! Mit rund 13 Hektar ist Valentinswerder die zweitgrößte Insel im Tegeler See. Erworben wurde sie 1874 von Paul Haberkern, dem Urgroßvater des heutigen Privatbesitzers. Als um

Blick über den südlichen Tegeler See, vorne der schmale Streifen der Hallig

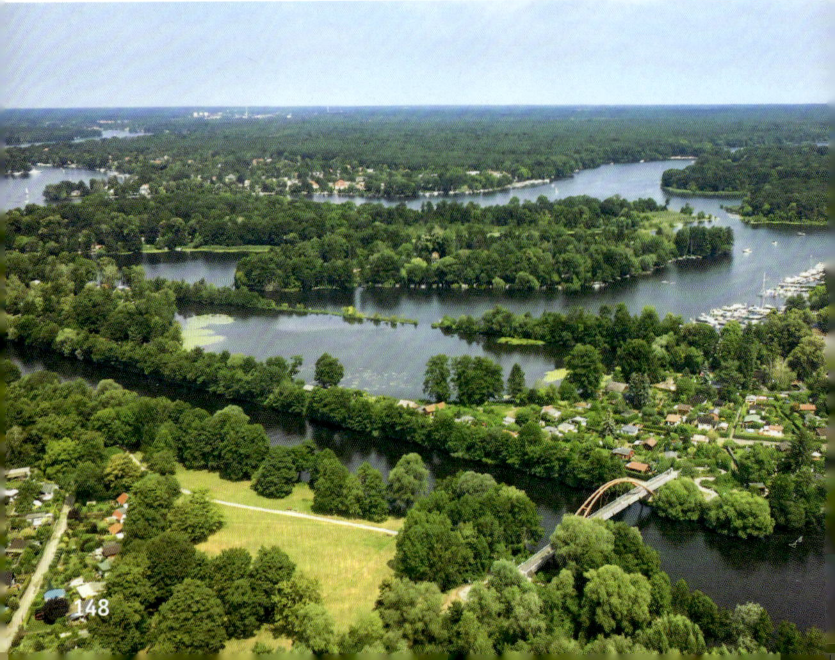

die Wende des 19./20. Jahrhunderts allenthalben in Berlin prächtige Villenkolonien entstanden, wurden etliche der hiesigen Wohn-, Ferien- und Wochenendhäuser den imposanten Vorbildern in verkleinertem Maßstab nachempfunden. Heute stimmen sich die zum Teil ansässigen Inselbewohner mit einem Inselverwalter über ihr sehr individuell geprägtes insulares Geschehen ab.

Teile der Uferbereiche säumt ein kniehoher elektrischen Zaun. Nicht wegen der Krokodile, die ganz gut in dieses amazonasähnliche Biotop passen würden, sondern als Schutz vor vom Festland herüberschwimmenden Wildschwein-Rotten, die sich hier sonst intensiver „Gartenarbeit" widmen würden.

## Hallig

Wer die Fähranlegestelle in Saatwinkel als Start- oder Endpunkt der Tour wählt, hat die Möglichkeit weiter südlich etwas Unvermutetes zu entdecken. Hier erstreckt sich eine weitestgehend unbekannte halbinselähnliche Landzunge zwischen dem Berlin-Spandauer Schifffahrtskanal, der Ausbuchtung Kleine Malche und dem Tegeler See. Wasser links, Wasser rechts, Wasser vorne und hinten – eine Fast-Insel eigener Prägung, wie eine Hallig im Wattenmeer. Dem einzigen Sträßchen folgend, das bezeichnenderweise Halligweg heißt, gelangt man zur Inselspitze, wo man sich „Auf der Hallig" befindet. Nicht spektakulär, aber irgendwie originell.

**Wo:** Tegel
**Anfahrt:** Bus 133 bis Maienwerderweg, dann ca. 1 km Fußmarsch zum Fähranleger Saatwinkel

 **Fähre Tegeler See**
Saatwinkel–Valentinswerder–Tegelort–Havelspitze und zurück

*www.faehre-tegelersee.de | Apr.-Okt. Fr–So/Fei mehrmals täglich, keine BVG-Tickets*

 **Strand Saatwinkel**
Ca. 400 Meter nördlich des Fähranlegers. Breiter Sandstrand, Imbiss, WC und DLRG.

*Straße Im Saatwinkel | Bus 133 Maienwerderweg*

 **Fährhaus Saatwinkel**
Seit 1882 am südöstlichen Seeufer. Im Sommer Terrassenplätze am Wasser, im Winter Innenplätze mit Kamin.

*Im Saatwinkel 15 | www.faehrhaus-saatwinkel.de*

# Insel der Naturfreunde

**Die Reiswerderaner sind exilierte Baumwerderaner. Sie besitzen das kleinste Rathaus der Welt und fördern den Wildwuchs! Ein Ausflug auf die Insel der Naturfreunde.**

Baumwerder und Reiswerder sind zwei weitere, benachbarte Inseln im Süden des Tegeler Sees. Die Insel Baumwerder dient seit 1943 ausschließlich der städtischen Wasserversorgung. Sie ist seitdem unbewohnt und darf auch nicht betreten werden. Die letzten Baumwerder-Insulaner siedelten hinüber nach Reiswerder, im Handgepäck ihr hölzernes Inselrathaus. Das hatten sie zerlegt und auf ihrer ‚neuen' Insel Reiswerder wieder aufgebaut. Hier steht es noch heute, mit seinem kleinen Giebel und dem Uhrentürmchen – und Reiswerder-Anrainer rühmen sich, das kleinste Rathaus der Welt zu haben!

Fähre nach Reiswerder, im Hintergrund der kleine Strand auf dem Festland

Mit Bibern und Graureihern ist die 70 Hektar große Insel als Landschaftsschutzgebiet klassifiziert – wie Baumwerder auch. Die vom Wasser aus im Dickicht kaum auszumachenden knapp 100 Häuschen stehen zumeist auf Hohlblocksteinen statt auf einem Fundament.

Die Badestelle Reiswerder gab es für die nach Sonne, Licht und Luft lechzenden Stadtflüchtlinge schon, als das Freibaden im prüden kaiserlichen Preußen noch verboten war. Darüber setzten sich die organisierten Naturfreunde hinweg, deren geschichtsträchtiger Verein der Naturfreunde, gegründet 1914, bis heute aktiv ist. Er betreibt auch die kleine Inselfähre, die den Besuch auf dem lieblichen Eiland möglich macht.

Als weitere Besonderheit gibt es auf Reiswerder eine dem bekannten Laubenpiepertum rigoros entgegengesetzte Regelung. Hier darf nichts rechtwinklig gestutzt, beschnitten, künstlich oder gartenzwergmäßig ‚geschönt' werden – alles muss urwüchsig sein und bleiben. Man sieht's der fast zivilisationsfern anmutenden Insel auch auf Anhieb an. Trinkwasser pumpt man aus fünf regelmäßig kontrollierten Grundwasserbrunnen, Strom fließt durch ein Unterwasserkabel vom Festland her, allerdings nur für eine Art Wirtschaftsgebäude und das Kneipen-Restaurant Inselbaude. Dafür sind erstaunlich viele Photovoltaik-Paneels auf den Dächern der Holzhäuschen installiert.

**Wo:** Tegel
**Anfahrt:** Bus 133 bis Reiswerder und 100 Meter Fußweg zum Anleger

 **Fähre Reiswerder**

*Apr.–15. Okt. tgl. 8–15 Uhr alle 60, danach alle 30 Min., 16. Okt.–März nur Fr–So 10–16 Uhr | www.reiswerder.de*

**Inselbaude bei Udo**
Selbst gebrautes Inselbier (mit Reiswerder Wildhopfen).

*Auf Reiswerder | Apr.–Okt. Di–So 12–19 Uhr*

 **Strand**
Direkt am Fähranleger am Festland, WC, DLRG.

## 42 Hasselwerder und Lindwerder

# Tegeler Seefahrt

**Robinsonaden zu anderen Eilanden im Tegeler See fordern eigenes nautisches Geschick. Man kann sie mit dem Tretboot oder auf der Luftmatratze umrunden.**

Da ist zum Beispiel die dicht bewaldete Insel Hasselwerder, zu erreichen nur mit der berühmten Handbreit Wasser unter dem Kiel, etwa mit einem Tretboot, das an der Sechserbrücke (▶ Seite 158) gemietet werden kann. Hasselwerder gehörte ab 1755 dem Gut Tegel, gelegen auf dem Festland. Das erwarb die Familie von Humboldt 1766 inklusive Insel und Schloss (▶ Seite 161). Die Humboldt'schen Nachfahren sind bis heute die Eigentümer. Nach 1950 verpachtete ein Verwalter an Sommergäste Lauben, von denen noch einige erhalten sind. Zwar wohnt hier niemand dauerhaft, aber die Insel ist Privatbesitz, anlegen verboten!

Die Villa Borsig, heute exklusives Gästehaus des Auswärtigen Amts

Auch nur vom Wasser aus gut zu erkennen, ist ein wahrlich majestätisches Gebäude. Die Aus- und Fortbildungstätte der Angehörigen des Auswärtigen Dienstes auf der parkähnlichen Halbinsel Reiherwerder, ungefähr gegenüber der Hafenausfahrt. Herzstück der Akademie ist die ehemalige Villa Borsig der bekannten Industriellenfamilie, ein neobarockes Anwesen (1912), heute Gästehaus des Außenministeriums und Veranstaltungsort. Neben der Villa befinden sich hier noch einige andere Gebäude aus der Kaiserzeit.

## Lindwerder

Rund 300 Meter vor dem Strandbad Tegelsee (► Seite 156) liegt dieses urwüchsige, unbewohnte Inselchen und ist von dort aus mit der Luftmatratze oder sogar schwimmend zu erreichen. Lindwerder (eine Namensschwester der schmucken Havelinsel) ist nur 143 Meter lang und 85 Meter breit und war bis in die 1930er-Jahre sogar noch kleiner. Mittels Aufschüttung von Hochofenschlacke aus der Eisengießerei der nahe gelegenen Borsigwerke wurde sie dann auf ihre heutige Größe erweitert.

Nichts erinnert hier mehr an einen Raketenstartplatz. Aber indirekt an Wernher von Braun (1912 Provinz Posen, heute Wyrzysk/Polen–1977 Virginia/USA). Nach Plänen dieses bis heute umstrittenen (Militär-)Raketeningenieurs waren

Tretboot, getarnt als Schwan

hier 1933 drei Versuchsprojektile hochgeschossen worden, deren Start wegen ihrer Größe nicht vom eigentlichen Raketenflugplatz Berlin erfolgen durfte. Sie erreichten eine Flughöhe von etwa 500 Metern – und stürzten dann in den Tegeler See.

## Scharfenberg

Ebenfalls in Sichtweite vom Strandbad Tegelsee liegt die Insel Scharfenberg – benannt nach einem etliche Meter hohen Hügel. Zusammen mit Baumwerder (► Seite 150) befand sie sich ebenfalls für fast ein Jahrhundert (1777–1867) im Besitz der Familie von Humboldt. Der neue Eigentümer Carl August Bolle, ein Botaniker, wollte auf Scharfenberg eigenwillige floristische Experimente durchführen, was ihm aber nur begrenzt gelang. Er ließ eine Villa bauen und legte einen dendrologischen Garten an (mit verholzenden Pflanzen). Bolles Erben verkauften schließlich beide Inseln 1909 an die Stadt Berlin, die sie von den Wasserwerken zur Trinkwassergewinnung nutzen ließ.

Wenige Jahre später begann die bis heute andauernde Erfolgsstory der Insel Scharfenberg. 1922 gründete der Reformpädagoge und Studienrat Wilhelm Blume (1884–1970) eine Schule, die seitdem als Ganztagsgymnasium mit angeschlossenem Internat funktioniert – „Schulfarm Scharfenberg“ genannt. Welches städtische Gymnasium kann sich schon rühmen, auf einer eigenen Insel (etwa 20 Hektar groß) zu residieren, auf der man reiten,

Fähre zur Schulinsel Scharfenberg

schwimmen, segeln und rudern, gärtnern und eine eigene Schweinezucht betreiben kann?

Die etwa 480 Schülerinnen und Schüler sind seit jeher Mitgestalter der Inselordnung. Die Nationalsozialisten konnten die Schulinsulaner mit ihrer Ideologie nicht ködern, im Gegenteil: Etliche der Absolventen waren Nazi-Widerständler, zum Beispiel Hans Coppi oder Ina Schreier, die als erstes Mädchen die Reformschule Scharfenberg besuchte.

Es verkehrt eine Fähre – aber nur für Schüler, Lehrer und das Inselpersonal. Andere Besucher sind auf den einmal jährlich stattfindenden Tag der Offenen Tür angewiesen. Oder schwimmen heimlich hinüber vom weitläufigen Strandbad Tegel, das der Schulinsel am Westufer schräg gegenüber liegt.

**Wo:** Tegel
**Anfahrt:** U Alt-Tegel
Fußweg zur Greenwichpromenade, von dort zur Tretbootstation an der Tegeler Hafenbrücke oder Bus 222 bis Spechtstraße zum Strandbad Tegelsee

**Minigolf und Bootsvermietung Mühl**

Tret- und Ruderboote, Kanus, Kajaks, SUP-Boards im Verleih. Vorher eine Runde Minigolf!

*Greenwichpromenade an der Tegeler Hafenbrücke | auf facebook | tgl. bei gutem Wetter | nur Barzahlung!*

**Strandbad Tegelsee**

Etwa Mitte Mai bis Mitte Sep. täglich geöffnet.

*Schwarzer Weg 21 | Bus 222 bis Spechtstraße, von dort 15 Min. zu Fuß durch den Wald | www.seeee.de | Gastronomie bis 23 Uhr*

# Hier badet Berlin seit 100 Jahren

**Neben vielen bereits erwähnten, kleineren Badestränden, sind die Freibäder Tegelsee und Heiligensee die traditionellen Badeorte hier im Berliner Nordwesten.**

## Strandbad Tegelsee

Am Westufer liegt der einen halben Kilometer lange fein- und weißsandige Strand, umgeben von Rasenflächen und eingerahmt vom Kiefernwald des Tegeler Forstes. Schon 1932 als Sommerbad eröffnet, musste das Freibad 2016 als Sanierungsfall schließen. Nun hat der Verein Neue Nachbarschaft Moabit e. V. das fast schon marode Bad gepachtet und ihm ein umfassendes Facelifting verpasst. Mit Rutschen, Bade-Insel, Sprungturm, Beachvolley-Platz, Tischtennisplatten, Spielplatz, modernen Duschen und Toiletten, Imbiss und Restaurant ist

Das Strandbad Tegelsee wurde durch eine nachbarschaftliche Initiative gerettet

das Strandbad im 21. Jahrhundert angekommen. Gemeinnützigkeit, Jugendarbeit, Erholung und Kultur stehen nun im Vordergrund.

Nur ein paar Meter südlich befindet sich nahe der Scharfenberg-Fähre an der DLRG-Wasserrettungsstation der Arbeiterstrand, und wer einen weiteren knappen Kilometer am Ufer zurücklegt, erreicht die kleine Badestelle Kleiner Strand. Dort beginnt Tegelort und am Uferweg kann man den regen Bootsverkehr am Mündungsareal des Tegeler Sees in die Havel beobachten.

## Seebad Heiligensee

Die zentrale Friederikestraße durchquert Tegelort Richtung Norden und führt weiter durch den kleinen Ortsteil Konradshöhe. Nach 3 km trifft sie bei der Badestelle Sandhausen direkt auf die Havel und führt nach weiteren 1000 Metern über eine Brücke, die, unterhalb vergittert, gleichsam das Scharnier zwischen der Havel und dem Heiligensee ist. Der See ist seit 1910 in Privatbesitz und völlig eingezäunt, doch öffentlich gebadet wird hier schon seit 1906. Nostalgischer Charme wird hier gepflegt, auch im gemütlichen Seebad-Restaurant. Der Sandstrand ist sauber, ein langer Steg reicht ins klare Wasser, in das von einem Drei-Meter-Turm gehopst werden kann. Der Nichtschwimmerbereich mit Rutsche ist abgetrennt, ein Bademeister hat den Blick auf das Geschehen.

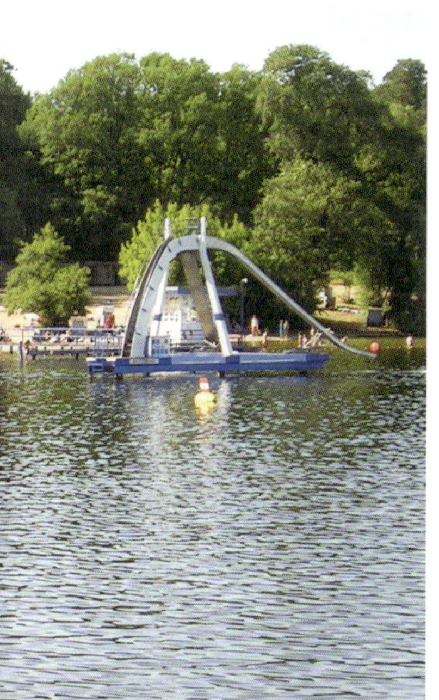

**Wo:** Tegel
**Anfahrt:** U Alt-Tegel, weiter mit Bus 222

**Strandbad Tegelsee**
Etwa Mitte Mai bis Mitte Sep. täglich geöffnet.

*Schwarzer Weg 21 | Bus 222 bis Spechtstraße, von dort 15 Min. zu Fuß durch den Wald | www.seeee.de | Gastronomie bis 23 Uhr*

**Seebad Heiligensee**
Strandbad und Restaurant ganzjährig geöffnet.

*Sandhauser Straße 132 | Bus 222 bis Falkenplatz, dann Bus 324 bis Strandbad Heiligensee | auf facebook*

# Die Humboldts aus Tegel

**Ganz im Norden des Tegeler Sees liegt am Ostufer der Tegeler Hafen mit interessanter Architektur. Von dort ist es nicht weit zum ältesten Baum Berlins und die Gebrüder Humboldt verlebten hier ihre Jugend – namentlich sind sie bis heute omnipräsent.**

## Tegeler Hafen

Wo das von weither strömende Wasser des Tegeler Fließ (▶ Seite 164) in den See mündet, umspült es ein lang gezogenes, schmales, bebautes Eiland, das sich dicht ans nördliche Ufer der verbreiterten Mündung schmiegt: die Humboldtinsel mit ihren modernen Häusern samt Bootsanlegern. Parallel zur Insel führt der Hafen selbst wie ein Stichkanal etwa 300 Meter ins Landesinnere zur postmodern-tempelartigen Humboldt-Bibliothek (Stadtbibliothek Reinickendorf). Sie bildet einen unübersehbaren, optisch krönenden Abschluss des Wasserlaufs, weswegen der Hafen umgangssprachlich auch Humboldthafen genannt wird (Der „echte" Humboldthafen befindet sich am Hauptbahnhof ▶ Seite 44). Wo einst zwanzig Schiffe gleichzeitig anlegen konnten, ist der Hafenbetrieb seit 1972 eingestellt.

Anlässlich der Internationalen Bauausstellung 1987 wurde hier vor den aufgefächerten, atriumartig angelegten Terrassen am Wasser ab 1985 eine Insel mit drei Brücken zum Festland künstlich aufgeschüttet: die Tegeler Insel, die später dann architektonisch anspruchsvoll wie eine Reihenhaussiedlung bebaut wurde. Seinerzeit entstanden auch längs des Tegeler Hafens abwechslungsreiche Häuser mit begehrten Wohnungen in Uferlage.

Neben der Stadtbibliothek spannt sich dann eine neuzeitliche voluminöse Holländische Zugbrücke hinüber zur schmalen Humboldtinsel. Dahinter liegen alte Zweckbauten, deren industriearchitektonische Charakteristika gekonnt rekonstruiert sind. Am besten lässt sich das Ensemble vom Wasser aus betrachten, zum Beispiel mit einem Tretboot vom Bootsverleih an der Sechserbrücke.

## Sechserbrücke (Tegeler Hafenbrücke)

Als es in grauer Vorzeit noch Reichsmark und Pfennige gab, hieß die 5-Pfennig-Münze im Berliner Sprachgebrauch „Sechser". Den mussten Fußgänger berappen, wenn

Bildungstempel: Stadtbibliothek Reinickendorf

sie die 91 Meter lange Brücke passieren wollten, die die Hafeneinfahrt am Tegeler See überspannt. Auf diese Idee war ein Fischer gekommen, der als Fährmann so um die Wende zum 20. Jahrhundert des boomenden Ausflugsverkehrs nicht mehr Herr wurde und zunächst einen Holzsteg baute. Den Sechser hatte er sich auch schon für die Überfahrt per Boot zahlen lassen. Die heutige massive Brücke mit ihren zwei steinernen Kassenhäuschen entstand 1909, seit 1922 darf man sie kostenfrei überqueren.

## Die Dicke Marie

Nach Überqueren der Sechserbrücke kann man sich immer am Wasser halten. An der nördlichsten Bucht des Sees, der Großen Malche, grüßt die „Dicke Marie" (nach rechts ausgeschildert), eine Stieleiche, die mit geschätzten 800 Jahren als Berlins ältester Baum gilt. Man kann hier Johann Wolfgang von Goethe nacheifern: Er besuchte 1778 bei seinen Reisen das Gehölz und verweilte in seinem Schatten! Seit 2021 trägt dieses den Titel „Nationalerbe-Baum" und ist bundesweit der erste Waldbaum, der es auf die Liste der Nationalerbe-Bäume geschafft hat. Ihren Namen verdankt die Dicke Marie natürlich auch der Fantasie der Brüder Alexander und Wilhelm von Humboldt. Die verbrachten ihre Jugendjahre im Schloss Tegel und verliehen nicht

Heute muss man hier keinen Sechser mehr berappen: Tegeler Hafenbrücke

nur der Eiche namentliche Unsterblichkeit, sondern vor allem der Köchin Marie. Sie bekochte die Brüder im Schloss und war offenbar wohlbeleibt.

## Humboldtschloss und Schlosspark

Korrekt: Schloss Tegel. Errichtet zwischen 1820 und 1824. Bauherr war Wilhelm von Humboldt, der Architekt Karl Friedrich Schinkel. Vorgängerbau war ein Renaissance-Herrenhaus, in dem die Humboldt-Brüder viele Sommer ihrer Kindheit verbrachten. Das Schloss gehört weiterhin den Nachfahren Wilhelm von Humboldts, die auch hier wohnen.

Man erreicht das Anwesen, indem man dem Weg bei der Dicken Marie weiter folgt. Haupt- und Wirtschaftsgebäude, Mauer, Gärtnerhaus, und Grabstätten stehen unter Denkmalschutz. Im Sommerhalbjahr ist montags das private Humboldt-Museum im Gebäude im Rahmen von Führungen zugänglich, das Schloss aber nicht.

Täglich geöffnet bis Sonnenuntergang bei freiem Eintritt ist hingegen der Schlosspark, der sich bis fast an den Tegeler See erstreckt. Ein Zugeständnis des Eigentümers, das aber widerrufen werden kann. Hier befinden sich unter anderem die Grabstätten der beiden Brüder Humboldt und ihres Erziehers und Hauslehrers Christian Kuhnt.

**Wo:** Tegel
**Anfahrt:** U Alt-Tegel
**Strecke:** Vom Hafen zum Schloss nicht ganz 3 Kilometer

 **Minigolf und Bootsvermietung Mühl**
Tret- und Ruderboote, Kanus, Kajaks, SUP-Boards im Verleih. Vorher eine Runde Minigolf!
*Greenwichpromenade an der Tegeler Hafenbrücke | auf facebook | tgl. bei gutem Wetter | nur Barzahlung!*

 **Schloss Tegel**
Zu besichtigen sind original eingerichtete Arbeitsräume und Salons der Humboldts.
*Adelheidallee 19 | Zugang nur mit Führung: Mai–Sep. Mo um 10, 11, 15 und 16 Uhr | Tel. (030) 4 34 31 56*

**Restaurant & Biergarten Seeigel**
Gutbürgerliche deutsche Küche, Seeblick und Biergarten.
*Gabrielenstraße 77 | Mi–So 12–18/20 Uhr*

## 45 Greenwichpromenade

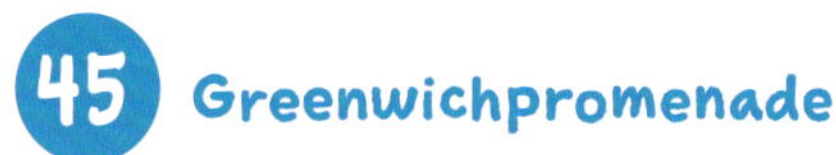

# Very british! Flanieren wie am Meer

**Diese ungewöhnliche Flaniermeile am Ufer ist einzigartig für eine fernab jeglicher Meeresgestade gelegene mitteleuropäische Großstadt.**

Vor oder nach dem einen oder anderen Inselausflug im Tegeler See ist Schlendern angesagt: auf der von hohen Platanen gesäumten, autofreien Greenwichpromenade entlang dem nordöstlichen Seeufer. Wie ein Bermuda-Dreieck lockt sie Einheimische und Touristen mit Cafés, Eisbuden oder dem allenthalben geschätzten Fisch-Lokal Fisherman's an, saugt sie auf und will sie nicht so recht wieder hergeben. Das gilt auf alle Fälle für die warme Jahreszeit, durchaus auch zur Eis-Zeit (falls die enorme Wasserfläche zugefroren ist, was allerdings aus bekannten Gründen immer seltener geschieht). Benannt ist der breite Uferweg nach

Uferbummel zwischen Telefonzelle und Kanonen: die Greenwichpromenade

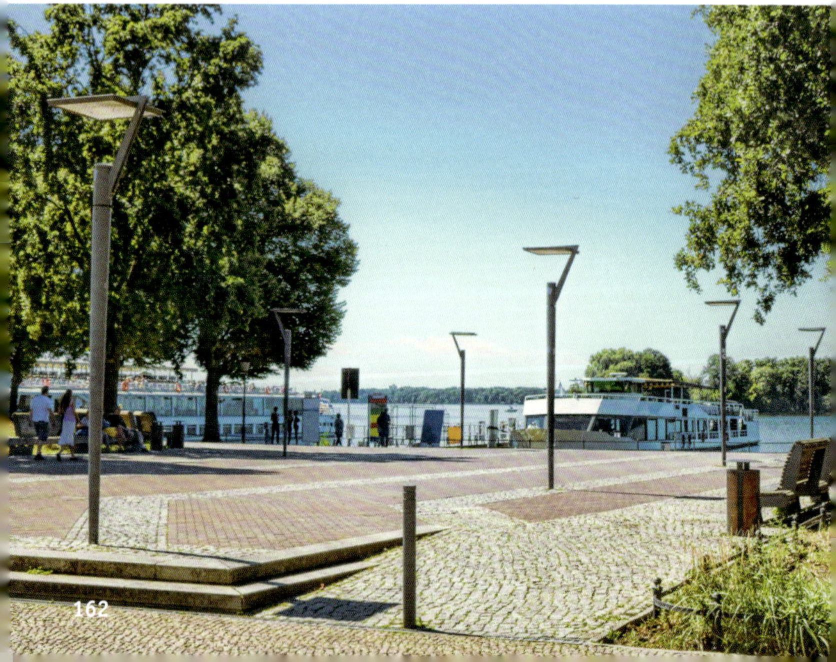

der englischen Partnergemeinde des Bezirks Reinickendorf. Eine typisch britische rote Telefonzelle in Ufernähe nahe der Anlegestelle der Ausflugsschiffe symbolisiert den Kontakt. Am südlichen Ende der Promenade, auf einem in den See ragenden Plateau, schützen zwei Uralt-Kanonen, ein Geschenk aus Greenwich, die Flaneure vor Piratenangriffen.

Etwas oberhalb am Ende einer breiten Freitreppe überspannt seit 1954 der schlanke Borsigbogen den Uferweg, für dessen schmückende Mosaiken der Künstler Gerhard Schultze-Seehof zu großen Teilen aus Trümmerschutt geborgene Keramikteile verwendete. Dargestellt sind abstrahierte Wassersport- und Fischmotive.

## Borsighafen

Etwa 150 Meter weiter südlich liegt von dichter Vegetation beinahe verborgen eine großen Ausbuchtung des Tegeler Sees: der Borsighafen, einzusehen am besten von der Straßenbrücke, die die Hafeneinfahrt überspannt. Dies war der Umschlagplatz defr einstigen – legendären – Borsigwerke. Deren imponierend expressionistischer Turm ist erhalten geblieben. In die weitläufigen und nicht am Wasser gelegenen ehemaligen Produktionsstätten hat das 21. Jahrhundert in Form einer Einkaufsmall Einzug gehalten. Die grandiose Industriearchitektur im Inneren der alten Hallen wurde dabei zum Glück erhalten.

**Wo:** Tegel
**Anfahrt:** U Alt-Tegel

**Tegeler Hafenfest**
Kulinarische Meile, Live-Musik und Bühnenprogramm zwischen Sechserbrücke und Kanonenplatz, mit See-Höhenfeuerwerk „Tegel in Flammen".

*Greenwichpromenade | 1. Wochenende im August*

**Tegeler Seeterrassen**
Architektonisch eigenwilliges Vielzweck-Gebäude, gepflegtes Retro-Ambiente. Restaurant Lakeside, Hafenbar, Pavillon am See.

*Wilkestr. 1–5 | www.tegeler-seeterrassen.de*

# Langsame Fließ-Geschwindigkeit

**Das Tegeler Fließ mäandert auf einer Länge von rund 10 Kilometern gemächlich vom Ortsteil Lübars bis zum Tegeler See. Mit seinen Auen und Feuchtwiesen bildet es die wohl urwüchsigste Naturlandschaft von Berlin.**

Das moorige Landschafts- und Naturschutzgebiet, einzigartiges Biotop für zahlreiche Tierarten, lässt sich auf Spazierwegen und Holzbohlensteigen über urige Sümpfe durchwandern. Die Großstadt kann man hier völlig vergessen. Besonders eindrucksvoll ist das Gelände, wenn es frisch geregnet hat, große Teile der Wiesen überschwemmt sind und man sich an fantastisch flirrenden Lichtspiegeleien erfreuen kann. Übrigens: Auch hier werden Wasserbüffel zur Landschaftspflege eingesetzt.

Ein guter Einstieg in das Fließtal von Tegel aus befindet sich am Waidmannsluster Damm, zu erreichen über die Buddestraße vom S-Bahnhof Tegel. Am Waidmannsluster Damm geht man rechts unter der Autobahnbrücke durch und wechselt an der Ampel die Straßenseite. Nach rund 300 Metern zweigt links der Fuß- und Radweg ins Fließtal ab und man kann dem Schild Barnimer Dörferweg folgen.

Nach der Überquerung des Oraniendamms und hinterm Hermsdorfer See wird es besonders schön: Der Eichwerdersteg, ein 150 Meter langer Bohlenweg, führt direkt durch die Flussauen. Wer will, macht einen Abstecher zum Strandbad Lübars am besonders sauberen Ziegeleisee, der sich in einer alten Tongrube gebildet hat. Von hier ist es auch nicht mehr weit bis in Berlins ältestes Dorf Lübars mit historischem Dorfanger und schönem Dorfkrug. Der Bus 222 bringt einen von hier zum S-Bahnhof Waidmannslust.

**Wo:** Reinickendorf
**Anfahrt:** S Tegel
**Strecke:** bis Lübars: ca. 10 km

 **Strandbad Lübars**
Kleines Strandbad am sauberen Ziegeleisee, Sandstrand, Wasserrutsche, kleines Restaurant.

*Am Freibad 9 | www.strandbad-luebars.de*

**Gasthof Alter Dorfkrug**
Deutsch-französisch-mediterrane Küche, schöner, schattiger Biergarten im Sommer.

*Alt Lübars 8 | www.gasthof-alter-dorfkrug.de | Fr–Mo*

Über Holzbohlenwege geht es trockenen Fußes durch die Flussauen

# Berliner Seen

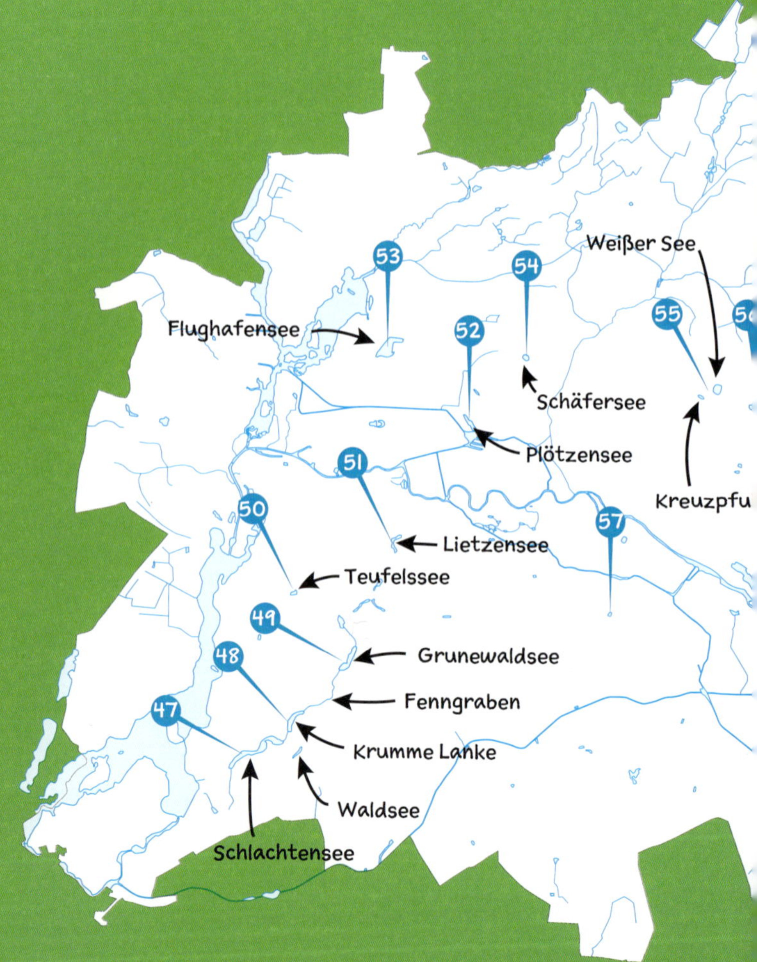

Berlin ist die wasserreichste Stadt des Kontinents! Neben den Flüssen, ihren zahlreichen Kanälen und den großen Berliner Seen-Landschaften an Wannsee, Müggelsee oder Tegeler See gibt es noch viele weitere kleinere Seen im Stadtgebiet. Zum Beispiel die idyllische Grunewaldseenkette mit zehn Gewässern. Ebenso wie der Weiße See oder der Orankesee im Nordosten stammen sie aus der letzten Eiszeit. Einen Teufelssee gibt es in Ost und West und auch der Faule See wäre im Berliner Seen-ABC zweimal vertreten.

Alle Berliner Seen und Teiche können hier natürlich nicht beschrieben werden. Die Auswahl beschränkt sich auf diejenigen, deren Besuch sich mit einem schönen Ausflug verbinden lässt, führe er nun an, auf oder in das Wasser.

# Kunst oder Karpfen?

**Der beliebte Badesee ist glasklar. Am östlichen Ende lädt die traditionsreiche Fischerhütte zum Schmaus. Von dort ist es nicht mehr weit zum Kunstort Haus am Waldsee.**

Der etwa zehn Meter tiefe Schlachtensee besticht mit hervorragender Wasser- und Badequalität. Angler (mit Angelschein!) dürfen sich über 18 Fischarten freuen. Auch Welse leben hier und verbreiten regelmäßig Angst und Schrecken – hauptsächlich während der Zeit des medialen Sommerlochs. Das „Monster vom Schlachtensee“ hat angeblich schon so manchen Badegast mit seinen Kieferplatten angeraspelt. Jedoch sollte man sich wirklich vor allem während der Laichzeit von den Schilfgürteln fernhalten, denn so ein gestresster Wels kann schon mal ungemütlich werden.

Am, im und auf dem Wasser des Schlachtensees ist immer viel los

Neben etlichen kleineren Badebuchten erfreut sich die buchstäblich schräge Party- und Badewiese direkt am S-Bahnhof (mit Gastro-Betrieb Seestern) großer Beliebtheit beim jüngeren Publikum. Einen Bootsverleih findet man rund 200 Meter weiter westlich an den Seeterrassen und zu Fuß lässt sich der etwa zwei Kilometer lang gezogene See natürlich auch umrunden.

Etwas für Hartgesottene, vorausgesetzt, der Winter spielt mit, ist das Eisbaden. Die „Ice Dippers" treffen sich bei niedrigen Temperaturen einmal wöchentlich in Kleingruppen am Schlachtensee (auch am Plötzensee oder in Alt-Stralau). Neugierige können sich hier informieren: www.icedippers.com.

## Haus am Waldsee

Seit 1946 hat sich hier ein Ausstellungsort entwickelt, der sich internationaler Gegenwartskunst aller Medien und Genre verschrieben hat. Auf den weitläufigen Parkterrassen wurde 2005 ein Skulpturenpark eingerichtet. Hier ist auch der direkte Zugang zum Wasser möglich. Der Waldsee ist allerdings kein natürliches Gewässer, sondern entstand im Zuge der Bebauung der Zehlendorfer Argentinischen Allee als Auffangbecken von Regenwasser. Ein Badesee war er nie und derweil sorgt man sich um die zunehmende Verschlammung. Eine kleine Fußgängerbrücke quert den Waldsee und lässt den Blick auf idyllisch gelegene Wassergrundstücke zu.

**Wo:** Zehlendorf
**Anfahrt:** S Schlachtensee

**Fischerhütte Am Schlachtensee**
Das historische Gasthaus (gegründet 1723) wurde vor einigen Jahren pfiffig aufgemöbelt zu einem großen, modernen Seerestaurant.
*Fischerhüttenstraße 136 | www.fischerhuette-berlin.de*

**Stand-Up-Paddling**
Ein SUP-Verleih befindet sich direkt auf dem Strand der Fischerhütte.

**Haus am Waldsee**
Wichtiger Ausstellungsort für internationale Gegenwartskunst.
*Argentinische Allee 30 | www.hausamwaldsee.de*

## 48 Krumme Lanke und Langes Luch

# Abenteuerfahrt auf der Luftmatratze

**Die Krumme Lanke lässt sich auf einem schönen Spaziergang umrunden, abenteuerlicher ist aber eine Luftmatratzenexkursion durchs Dickicht bis zum Grunewaldsee.**

An den Schlachtensee schließt sich unmittelbar die besonders bei Nacktbadenden beliebte Krumme Lanke an – nicht zu verwechseln mit dem dunklen See im Stadtforst Köpenick namens Krumme Laake. Es gibt hier keine Gastronomie. Die Umrundung des Sees kann im oder gegen den Uhrzeigersinn oder in einer fußläufigen Acht mit den Ufern des Schlachtensees verbunden werden.

## Langes Luch

Wer über ein sehr (!) kleines Gummiboot oder eine Luftmatratze verfügt, kann in den warmen Monaten sein unvermutetes grünes Wunder erleben: In der fast schon unwirklichen Stille, unterbrochen nur von Froschquaken, geht es mit eingezogenem Kopf unter manch einem über die Ufer gestürzten Baumriesen hindurch. Die giftgrüne, sumpfige und nicht begehbare Landschaft längs der einen Uferseite lässt Assoziationen an einen verästelten Nebenarm des Amazonas aufkommen! Der Wasserlauf wird an der anderen Seite fast durchgängig von einem einige Meter höher gelegenen Waldweg flankiert, den ab und an Radfahrer, Jogger und Hundehalter (Auslaufgebiet) benutzen. Ort des Geschehens: Im nur wenige Meter breiten, einem Bach ähnlichen und gerade mal knietiefen Fenngraben fließt das kristallklare Wasser von der Krummen Lanke durch das Naturschutzgebiet Langes Luch zum Grunewaldsee. Einziger Wermutstropfen: Der direkte Zugang in den Grunewaldsee, unmittelbar am Garten-Restaurant der 12 Apostel im Forsthaus Paulsborn ist durch ein Wehr versperrt. Man muss also zurückpaddeln. Für Kleinkinder mit Schwimmring ein Erlebnis!

**Wo:** Zehlendorf
**Anfahrt:** U Krumme Lanke oder U Onkel Toms Hütte und weiter über die Onkel-Tom-Straße. An der unscheinbaren Straßenbrücke ein paar Meter nördlich des Holzhütten-Cafés Rodelhütte etwa 150 Meter rechts quer über die Wiesenfläche bis zum Waldweg am Fenngraben.

Die Krumme Lanke streckt sich in den Grunewald hinein

# Nackt im Grunewald

**Mitten im Grunewald, mit gebührendem Abstand zur Zivilisation, eröffnet sich im Renaissance-Jagdschloss ein Ort der Hochkultur. Im Haussee darf man nackt baden – einen Hundestrand gibt es auch.**

Eine nackte Eva grüßt auch schon am Eingang des romantisch am Seeufer gelegenen Jagdschlosses Grunewald (1542), dem ältesten erhaltenen Schlossbau Berlins. Sie stammt von Lukas Cranach und ziert ein Plakat. Kurfürst Joachim II. hatte den renommierten Künstler und später dessen Sohn für die Ausstattung des Schlosses mit Porträts und Gemälden beauftragt. Heute wird eine Dauerausstellung mit den Werken der bedeutenden Maler gezeigt. Es gibt ein hübsches Hof-Café, regelmäßige Musik- und Theaterveranstaltungen und zur Adventszeit einen stimmungsvollen Weihnachtsmarkt.

Schlicht und schön: Das Jagdschloss am Ufer des Grunewaldsees

Der etwa drei Kilometer lange Uferweg rund um den Grunewaldsee geht rauf und runter. Am westlichen Ufer ist eine hölzerne Stele mit markant eingeritzten Lettern in den märkischen Sand gerammt: „Nacktbadestelle“. Ein Zaun trennt kurz darauf das nördliche Ufer vom angrenzenden Naturschutzgebiet Hundekehlefenn, dessen Bewohner – Bambis und Hirsche – sich oft bis auf ein paar Meter den Lustwandelnden nähern. Wenig weiter, gegenüber der Nacktbadestelle, locken zwei einzigartige Ufersäume unzählige Spaziergänger und ihre Vierbeiner an: nämlich die hellsandig breiten und lang gezogenen Strände speziell für Hunde!

**Wo:** Grunewald
**Anfahrt:** Ab U Dahlem-Dorf mit Bus X83 bis Königin-Luise-Straße/ Clayallee und ca. 1 200 m Fußweg

**Jagdschloss Grunewald**
Dauerausstellung mit Meisterwerken von Lucas Cranach und Werkstatt.

*Hüttenweg 100 | www.spsg.de*

**Forsthaus Paulsborn**
Restaurant und Hotel in einem malerischen Neorenaissancebau (1905). Wenn auch der traditionelle Name geblieben ist, firmiert der Gastronomietrakt unter Locanda 12 Apostoli. Schöner Sommergarten unter Bäumen mit Blick auf den See. Großer Spielplatz.

*Hüttenweg 90 | www.12-apostoli.de/grunewald*

# Der Öko-See

**Hier geht's um Naturschutz: Am und im beliebten Badesee leben seltene Tiere und das Ökowerk schafft dafür das entsprechende Bewusstsein.**

Den Teufelssee – schön verborgen, aber nicht schaurig – gibt's gleich zweimal: in einer Senke unweit des Müggelturms in Köpenick und im Grunewald zu Füßen von Berlins höchster „Bergkette", der Teufelsberg-Skyline. Hier ist er ein beliebter Badesee mit Sand-, Wiesenflächen, Waldspielplatz sowie Liegepontons und Rutschen mitten im See. Er ist Teil der eiszeitlichen Nebenrinne des westlichen Grunewaldgrabens, heute bezeichnet als Naturschutzgebiet Teufelsfenn und sein Nordufer darf nicht betreten werden. Dennoch lässt sich der See gut umrunden. Er ist die Heimat des Bitterlings – der Fisch ist selten,

Tief im Grunewald – der Teufelssee mit Badestelle und Ökowerk

Angeln verboten! Rundum huschen Eidechsen, quaken Moorfrösche, ringeln Ringelnattern. Man sichtet Molche und Kröten und mitunter auch Wildschweine, die sich ungeniert unter die (Nackt-)Badenden mischen.

Das am Ufer gelegene, architektonisch reizvolle ehemalige Wasserwerk hat sich in das famose Naturschutzzentrum Ökowerk Berlin e. V. gewandelt, ist als ökologische Bildungsstätte öffentlich zugänglich und wartet mit einem urigen Bistro-Restaurant auf.

## Gleis 17

Der S-Bahnhof Grunewald ist ein schön gestalteter Bahnhof, doch unvergessen bleibt auch seine dunkle Geschichte: In Höhe des Tunnelschilds „Gleis 17“ geht es treppauf. An diesem Bahnsteig fahren keine Züge. Er ist ein Erinnerungsort im Gedenken an die Berliner Juden, die von hier während der NS-Diktatur deportiert wurden. Auf 186 Stahlgussplatten sind in chronologischer Abfolge das Datum, die Zahl der deportierten Menschen und deren Destination aufgelistet.

Über die Website des Stadtmuseums kann eine Audiotour durch die (heutige) Villenkolonie unternommen werden. In den Beiträgen werden die dramatischen Überlebensschicksale von drei jüdischen Mitbürgern aus der Villenkolonie Grunewald erzählt.

**Wo:** Grunewald
**Anfahrt:** S Grunewald und über den Schildhornweg

**Ökowerk**

Wissenswertes über das Element Wasser, zum Beispiel die Unterwasserwelt aus der Perspektive eines Rüsselwasserflohs! Außerdem Themengärten, Barfußpfad, Imkerei und ein nettes Bistro, das auch Picknickkörbe ausgibt.

*Teufelsseechaussee 22 | www.oekowerk.de*

**Audiotour Jüdische Schicksale**

www.stadtmuseum.de/artikel/juedisches-leben-in-der-villenkolonie-grunewald

# Bürgerlich entspannt

**Oben quält sich der Verkehr durch die Neue Kantstraße – unten streckt sich entspannt zu beiden Seiten der Überführung der zweigeteilte, sichelförmige Lietzensee.**

In aller Gemächlichkeit durchstreifen Spaziergänger die gepflegte Parklandschaft. Markant sind das nördliche und das südliche Seeende: Hier eckt die Ruhe fast direkt an den mehrspurigen Kaiserdamm – dort verwehrt eine terrassierte, schneeweiße Pergola mit Wassertreppen vor der Kulisse imposanter Altbauten die gänzliche Umrundung beider Seehälften. Doch das weitläufige Gelände bietet Auslauf genug.

Es gibt auch überall etwas zu entdecken, zum Beispiel die Skulpturen „Sandalenlösender", „Versuch einer Balance" oder „Woge mit Kugel". Hinterm Bootshaus Stella in der Witzlebenstraße fällt ein wuchtiger,

Umrauscht vom Stadtverkehr ist der stille Lietzensee ein echte Großstadtoase

neobarocker Gebäudekomplex auf. Darin waren ab 1910 nacheinander untergebracht das Reichsmilitärgericht, das Reichswirtschaftsgericht, das Kartellgericht und von 1936 bis 1943 der Gerichtshof der NS-Wehrmachtsjustiz. Eine Gedenktafel am Gehweg erinnert daran, dass hier 260 Kriegsdienstverweigerer und zahllose Frauen und Männer des Widerstands zum Tode verurteilt und hingerichtet wurden. Seit 1951 war das Haus Dienstsitz des Kammergerichts (Berlin-West), das sich heute wieder am angestammten Ort am Kleistpark in Schöneberg befindet. 2006 begann der Umbau zu einem Wohnhaus mit rund 100 sehr luxuriösen Mietwohnungen. Wermutstropfen für die Bewohner (und alle Spaziergänger): mal eben ins frische Nass hüpfen, geht nicht. Der Lietzensee ist kein Badesee.

Wer anderes will, kommt aber auf seine Kosten: Verköstigung ist im Park und drum herum vielfach möglich und ein Ruderboot mieten kann man auch.

**Wo:** Charlottenburg
**Anfahrt:** U Sophie-Charlotte Platz oder S Messe Nord/ICC

**Café und Bootshaus Stella**
In den See ragende große Außenterrasse. Vorsicht vor fast handzahmen, frechen Spatzen!
*Lietzenseeufer | www.bootshausam-lietzensee.de | tgl. 12–20 Uhr*

# Weddinger Alleskönner

**Eine lauschige, scheinbar zivilisationsferne Bucht und ein paar Meter weiter das quirlige Strandbad – der Plötzensee bietet beides.**

Man kann den See zu Fuß umrunden. Dabei passiert man den sogenannten Steingarten, einen terrassierten Uferbereich mit in weitem Abstand voneinander aufgestellten Stelen, die jeweils einen Buchstaben tragen: W E D D I N G – eine Hommage an den Bezirk (dessen Bezeichnung bei englischsprachigen Touristen oft Irritationen hervorruft: „Is this your Las Vegas? Ein Hochzeitsparadies?"). Der Appetit lässt sich an einem Imbiss stillen, wo man auch Boote leihen kann. Dieser Ort an der Südspitze des Sees ist so lauschig, dass man nicht glauben kann, dass unsichtbar, aber nur etwa 100 Meter entfernt, die Stadtautobahn verläuft.

Stadt, Straße und Strandbad scheinen hier in weiter Ferne – und sind doch ganz nah

Der Clou ist natürlich das Strandbad Plötzensee. Das über 100 Jahre alte Freibad ist nun nichts für traute Ein- oder Zweisamkeit. Hier tummelt sich der Wedding mit Kind und Kegel. Das große Sport- und Freizeitangebot ist absolut familienfreundlich. Zudem wartet das Bad mit phantasievollen, abwechslungsreichen Erlebnisabenden auf, ob Blues am Lagerfeuer oder Kanu-Polo-Turniere. Das alles auf etwa 15 000 Quadratmetern Sandstrand und nochmals ca. 40 000 Quadratmetern Liegewiesen, umgeben von dichtem Baumbestand. Der See ist sauber, etliche Meter tief und die Wasserqualität wird regelmäßig kontrolliert.

## Gedenkstätte Plötzensee

Mit „Plötzensee" verbinden sich indes auch Erinnerungen an das dunkelste Kapitel deutscher Geschichte. Am Rande der heutigen Justizvollzugsanstalt befindet sich die Gedenkstätte Plötzensee. Das Strafgefängnis war zur Nazizeit die „zentrale Hinrichtungsstätte für den Vollstreckungsbezirk IV". Zwischen 1933 und 1945 wurden hier auf grausamste Weise und zum Teil bei Massenhinrichtungen über 2 800 Todesurteile vollstreckt. Darunter viele politische Häftlinge, Mitglieder des Widerstands, rund 300 Frauen und etwa 100 Zeugen Jehovas. Fast die Hälfte der in Plötzensee Hingerichteten stammte nicht aus Deutschland.

**Wo:** Wedding
**Anfahrt:** Tram 50/M13 Virchow-Klinikum, S/U Westhafen

**Zur Fischerpinte – Bootshaus Plötzensee**
Schlichter Imbiss, Terrasse, Bootsverleih in schattigem Grün.
*Nordufer 23 | Tel. (030) 4 52 40 21 | tgl. 10–23 Uhr*

**Gedenkstätte Plötzensee**
*Bus 123 Gedenkstätte Plötzensee | Hüttigpfad | www.gedenkstaette-ploetzensee.de*

# Tschüss, TXL!

**Seit dem 8. November 2020 müsste der Name eigentlich der Vergangenheit angehören: Das ist das Datum des letzten Air-France-Fluges vom Flughafen Tegel nach Paris. Dann war Schluss in TXL.**

Mit bis zu 34,3 Metern ist der in unmittelbarer Nähe zum Ex-Airport liegende See Berlins tiefstes Gewässer. Die Wasserqualität ist ausgezeichnet, weswegen hier Schnorchler, Freizeittaucher und Tauchclubs den Fischen Konkurrenz machen. Allerdings sind zum Beispiel nach Ereignissen wie Starkregen mikrobiologische Verschmutzungen nicht ausgeschlossen. An heißen Sommertagen ist der See mitunter überlaufen und wird abends häufiger mal zur Party-Zone. Deswegen gibt es auch die Hinweise, nur an überwachten Badestellen zu schwimmen, um so die Uferbereiche zu schützen.

Flugzeuge sieht man hier keine mehr: Sanddüne am westlichen Seeufer

Hinter dem Hauptstrand erhebt sich ein etwa 20 Meter hoher Sandberg mit schönem Blick aufs Wasser.

Der Flughafensee in seinem jetzigen Erscheinungsbild ist zwar künstlich angelegt, entstand aber schon nach der letzten Eiszeit vor rund 10 300 Jahren im Berliner Urstromtal. Als die Eismassen zurückwichen, brachen Teile vom Gletscher ab, blieben als riesige Toteisbrocken liegen und schmolzen.

Im Westen stößt der See an das Landschaftschutzgebiet Jungfernheider Forst, in dem sich ausgedehnte Spaziergänge unternehmen lassen – etwa 3 Kilometer sind es bis zum Tegeler See.

Interessant ist das Denkmal auf einer westlich vom See etwas abseits gelegenen Waldlichtung. Es erinnert an den Absturz eines französischen Militärtransportflugzeuges am 18. Februar 1953. Die Maschine war kurz nach dem Abheben explodiert, zwei Startversuche waren zuvor fehlgeschlagen. In der Nähe befindet sich eine Bank, von der man einen schönen Blick über den Flughafensee hat. Nur dass man jetzt keine Flieger mehr beim Starten und Landen beobachten kann, was den einen oder anderen Planespotter schmerzen mag.

**Wo:** Reinickendorf
**Anfahrt:** U Holzhauser Straße, über Seidelstraße hinweg ca. 15 Min. Fußweg

# Himmlisch ruhig

**Dieses eher unbekannte Gewässer liegt im eher unbekannten Stadtteil Reinickendorf. Für einen aufgeregten kurzen Spaziergang mit einem Stück Kuchen zum Abschluss ist man hier aber genau richtig.**

Ganz im Norden gelegen, bietet der Schäfersee mit dem umgebenen Schäfersee-Park ein vielfältiges Ausflugsangebot mit Rundweg, Minigolfplatz, Café und Hundegarten mit Hindernisparcours. Der annähernd kreisrunde und etwa sieben Meter tiefe See wurde nach einer ehemaligen, im 18. Jahrhundert am Seeufer angesiedelten Schäferei benannt. Der Schäfer war ein Kümmerer – er soll seine Schafe eigenhändig im See gewaschen haben. Das fanden allerdings die ansässigen Fischer nicht so gut. Deshalb bestand die Schäferei nicht allzu lange.

Seit der Schließung des Flughafens Tegel herrscht am Schäfersee wohltuende Stille

Eine Entdeckung auf dem Rundgang ist, dass dort seit rund 20 Jahren die jeweiligen „Bäume des Jahres“ präsentiert werden. Alljährlich rückt eine Abordnung des Bürgermeister- und Grünflächenamts zum Buddeln an und pflanzt den erkorenen Baum.

Das Baden ist nicht gestattet. Außerdem darf der See nicht mit Booten befahren werden. Den Bootsverleih gibt es nicht mehr, wiewohl ein Schild darauf hinweist.

Richtig aufgelebt ist der Park am Schäfersee und seine Umgebung seit dem 8. November 2020. Bis zu diesem Tag donnerten täglich Hunderte Jets in geringer Höhe über den Schäfersee. Seitdem liegt eine himmlische Ruhe über dem Areal.

**Wo:** Reinickendorf
**Anfahrt:** U Franz-Neumann-Platz

 **Plura Minigolf und Imbiss**

*Am Schäfersee | www.kinderleicht.berlin/minigolf-und-imbiss-am-schaefersee*

 **Café am See**

Selbst gebackene Kuchen und Torten sowie Hausmannskost, mit Terrasse und Seeblick.

*Residenzstraße 43a | www.cafe-am-schaefersee.com*

 **Torten-Träume Café**

Nomen est omen. Torten, Torten, Torten. Zugleich Frühstückscafé.

*Etwa 200 Meter vom See entfernt, Residenzstraße 108*

## 55 Kreuzpfuhl und Weißer See

# Am Weißen See in Weißensee

**Ist man versehentlich im Holländischen Viertel in Potsdam gelandet? Auch am Kreuzpfuhl in Weißensee gibt es erstaunliche Architektur zu bewundern.**

In unmittelbarer Nachbarschaft zum Weißensee haben viele Mitmenschen dieses Gewässer vermutlich nicht auf dem Schirm. Dabei hat es der Kreuzpfuhl in sich – besser gesagt um sich herum. Das rote Backsteinensemble, ab 1929 errichtet, sieht äußerlich nach holländischer Vergangenheit aus, ist indes eher der Reformarchitektur und den Auffassungen des „Neuen Bauens“ jener Zeit verpflichtet. In totaler Abkehr von den desolaten Mietskasernen der Kaiserzeit entstehen am Kreuzpfuhl Wohnungen mit eigener Küche, eigenem Bad und Loggia. Zwischen den Gebäudezeilen ist reichlich Abstand. So ist am Kreuzpfuhl

Im historischen Strandbad kann man sich im Wasser oder im Biergarten erfrischen

eine fast 9 000 Quadratmeter große Hoffläche entstanden, die eher einem Parkgelände ähnelt.

## Weißer See

Arg gebeutelt durch Übernutzung, Vandalismus und Trockenheit ist seit einigen Jahren die einstige Erholungsoase rund um den Weißen See, der sich allein aus Grundwasser speist. Eine eigens installierte Grundwasserpumpe schafft es nicht, den Verlust von Millionen Litern Wasser durch Verdunstung und sommerliche Dürre auszugleichen. Mit etlichen LKW-Ladungen erneuertem Strandsand steht insgesamt eine Totalsanierung des Geländes an.

Ein Spaziergang um den See auf der Promenade mit altem Baumbestand lohnt sich dennoch. Erfrischung im oder am Wasser bietet schon seit 1912 das Strandbad mit Biergarten.

Ein Klassiker der Berliner Ausflugsgastronomie ist das dem Strandbad gegenüberliegende Milchhäuschen. Das beliebte Café war ursprünglich ein Gartenhaus, das ab 1913 als Milchverkaufsstelle Produkte aus dem gemeindeeigenen Kuhstall im Säuglingskrankenhaus an der heutigen Hansastraße anbot. Der heutige Bau stammt von 1967. Hier können Gäste wieder auf der Terrasse sitzen oder vom Innenraum durch die großzügig gestalteten Fensterfronten auf den Weißen See blicken.

**Wo:** Weißensee
**Anfahrt:** Tram 12, M4, M13 bis Weißer See

 **Milchhäuschen**
Klassisches Ausflugslokal mit großer Seeterrasse.
*Parkstraße 33a | www.milchhaeuschen-berlin.de*

 **Natas Berlin**
Kleine portugiesische Konditorei. Pastéis de Nata – handgemachte kleine Cremetörtchen, die dem Lissabonner Original gerecht werden. Iberische Back- und Fleischwaren, auch Weine.
*Pistoriusstraße 25*

## 56 Orankesee und Obersee

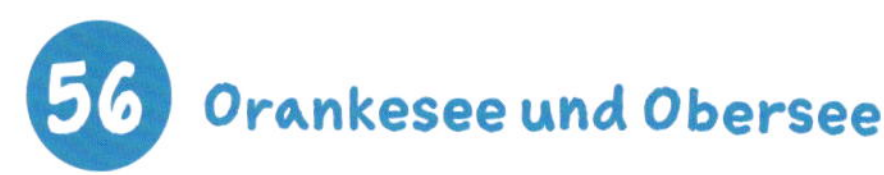

# Versteckte Schönheiten

**Um das Ensemble aus Orankesee und Obersee wuchs seit dem Ende des 19. Jahrhunderts das Hohenschönhauser Villenviertel.**

Wie der Faule See oder der Weiße See gehört der Orankesee zu einer eiszeitlichen Seenkette. Wer das 44 000 Quadratmeter große und manchmal mit Seerosen bedeckte Gewässer auf der gärtnerisch gestalteten Uferpromenade umwandern möchte, läuft einen knappen Kilometer, bevor schon die Grünanlagen um den nur wenig größeren Obersee erreicht sind.

Das Freibad am Orankesee mit etwa 300 Metern Sandstrand lockt schon seit 1929 Badegäste an. Mit einer 52 Meter langen Wasserrutsche für die Großen und einer kleineren für den Nachwuchs, Spielmöglichkeiten und Imbissangebot ist für einen entspannten Aufenthalt

Blick auf den Obersee aus dem Fenster des Mies van der Rohe Hauses am Ufer

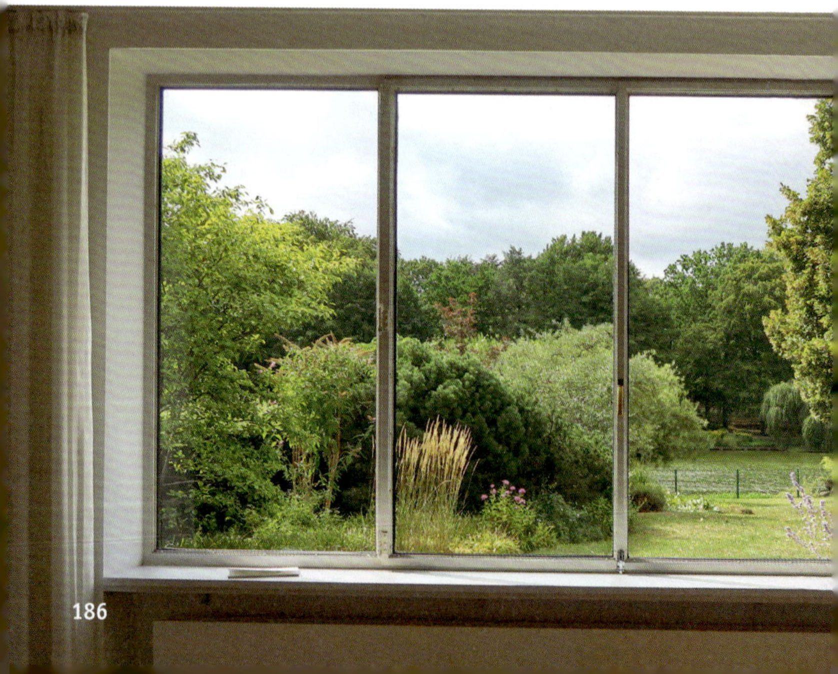

gesorgt. Im Winter treffen sich hier die Eisbader. Die „Berliner Seehunde“ veranstalten sogar einmal jährlich Eisfasching – und baden kostümiert.

Der anmutige Obersee heißt so, weil sein Wasserspiegel über dem des benachbarten Orankesees liegt. Er wurde 1894 als Brauwasser-Reservoir für die einstige Löwen-Brauerei angelegt. Ihn umgibt eine große, sehr grüne Parkanlage mit hohen Bäumen und Liegewiese.

Zwei Highlights zieren seine Ufer: zum einen das vom Bauhaus-Architekten Mies van der Rohe geschaffene, zeitlos schöne Landhaus Lemke (1932), zum anderen der urige, ehemalige Wasserturm, heute in Privatbesitz und gastronomisch genutzt. Er diente einst zur Wasserdruckerzeugung für die Löwen-Brauerei und versorgte in den 1920er-Jahren auch die Villenkolonie. Trotz Entfernung des Turmaufsatzes 1933 ist er denkmalgeschützt.

## Fauler See

In unmittelbarer Nachbarschaft liegt der Faule See als Biotop im Naturschutzgebiet nördlich der Suermondtstraße. Er kann umrundet werden, ist aber nur von der Aussichtsplattform wirklich zu sehen. Im Frühling und Frühsommer sind zahlreiche Frösche und Kröten lautstark vertreten, während der See selbst zahlreichen Vogelarten als Brutgebiet dient.

**Wo:** Lichtenberg
**Anfahrt:** Tram 27, M13, M17 Station Buschallee oder Am Faulen See

**Orankesee-Terrassen**
Mediterrane Küche, Terrasse und Biergarten mit Seeblick.
*Orankestraße 41 | www.orankesee-terrassen.berlin*

**Mies van der Rohe Haus**
Besichtigung von Haus und Garten.
*Oberseestraße 60 | www.miesvanderrohehaus.de*

**Wasserturm**
Gediegene kleine Bar mit Terrasse.
*Waldowstraße 20 | www.berlin-wasserturm.de | Öffnungszeiten: Website*

# 52°49'81.35"N 13°36'73.89"O – Nellys Eiland

**Berlins versteckestes und vielleicht idyllischstes Inselchen liegt mitten im Schöneberger Häusermeer.**

Oben quietschen die Wagen der U-Bahnlinie 1 über die gusseisernen, kolonnaden-ähnlichen Streben der Hochbahn. Unten umkurvt die viel befahrene Bülowstraße links und rechts ein stolzes und mächtiges, mit einem riesigen Turm himmelwärts ragendes Gotteshaus – die backsteinrote Lutherkirche, heute American Church Berlin, auf dem dreieckigen Dennewitzplatz. Die mitten in der Außenkurve abwinkelnde kleine Dennewitzstraße übersieht man leicht. An dieser Sackgasse war einst das Volksbad Schöneberg beheimatet. Heute lädt das Gelände Anwohner und jene, die sich hierher verirren, zu einem romantischen Besuch.

Alter Baumbestand überragt Rasenflächen und Wiesen, Sitzbänke im Schatten und in der Sonne, auf denen offensichtlich die Nachbarschaft verweilt und die Berlin-untypisch mal nicht vollgeschmiert und -gesprayt sind. Alles wirkt gärtnerisch gepflegt, sowohl die verschlungenen kleinen Rauf- und Runter-Pfade als auch der fantasievoll angelegte Spielplatz. Ein eher unbekanntes Idyll, versteckt im Schöneberger Häusermeer. Apropos Meer: Gibt es ein Meer ohne Insel?

Beim Schlendern tut sich plötzlich ein kleiner See auf. Darin: ein kreisrundes Etwas. Mit Geländer, 1 Baum in der Mitte à la Inselwitz, aber mit Zugangsbrücke und umrundender Sitzbank. Das ist Berlins versteckestes Eiland, und das kleinste und irgendwie das niedlichste. Im Nelly-Sachs-Park.

Nelly Sachs (1891 in Berlin geboren, 1970 in Stockholm gestorben) war eine jüdische deutsch-schwedische Schriftstellerin und Lyrikerin. 1966 wurde ihr (zusammen mit Samuel Joseph Agnon) der Nobelpreis für Literatur verliehen – „für ihre hervorragenden lyrischen und dramatischen Werke, die das Schicksal Israels mit ergreifender Stärke interpretieren". Anlass genug, sich mit einem ihrer Werke auf das Inselchen zurückzuziehen. Und da dieses bislang unbenannt ist, sei es in diesem vorliegenden Werk auf den Namen „Nellys Eiland" getauft.

**Wo:** Schöneberg
**Anfahrt:** U Bülowstraße

Insel, Baum, Bank – was braucht man mehr?

# Register

# Impressum

**Liebe Leserinnen und Leser,**

alle Angaben in diesem Ausflugsführer sind gewissenhaft geprüft. Trotz gründlicher Recherche unserer Autoren/innen können sich manchmal Fehler einschleichen. Wir bitten um Verständnis, dass der Verlag dafür keine Haftung übernehmen kann. Über Hinweise, Berichtigungen und Ergänzungsvorschläge freuen wir uns jederzeit.

**via reise verlag**
**Lehderstraße 16–19**
**13086 Berlin**
**post@viareise.de**
**www.viareise.de**


1. Auflage 2023

ISBN 978-3-949138-31-7

**Text & Recherche**
Werner Radasewsky Borges da Silva

**Redaktion**
Nelly Möller

**Herstellung & Gestaltung**
Annelie Krupicka

**Umschlagreihengestaltung**
Nino Arndt, Berlin

**Umschlagherstellung**
Annelie Krupicka

**Kartografie**
Annelie Krupicka

**Druck**
Druckhaus Sportflieger, Berlin

MIX
Papier aus verantwortungsvollen Quellen
FSC® C104586

**Umschlagfoto vorn**
Tegeler Hafenbrücke
(© visitBerlin, Foto: Dagmar Schwelle)

**Umschlagfoto Klappe vorn**
Fähre am Müggelsee
(spuno/stock.adobe.com)

**Umschlagfoto hinten**
Ruderboote am Schlachtensee
(Michael Heynemann/Pixelio)

**Fotos Innenteil**
Klaus Scheddel, außer
Werner Radasewsky Borges da Silva 7, 17, 22, 32, 36, 50/51, 54, 61, 62, 92, 93, 156, 178, 189; 360b/Shutterstock.com 168; A. Emson/stock.adobe.com 148; Achim wagner/stock.adobe.com 82, 84; Alina Saggerer 180; Anke Thomass/stock.adobe.com 26; ArTo/stock.adobe.com 66, 99, 162; Astrid Hahn 144; Beate/stock.adobe.com 118; Claudia Prommegger/stock.adobe.com 109; Claus Jordan/Pixelio 114; Denis Feldmann/stock.adobe.com 28; ebenart/stock.adobe.com 80, 81; ernestoch50/ stock.adobe.com 150; F.Krawen/stock.adobe.com 45; gemeinfrei 127, 154; golovianko/stock.adobe.com 36/37; Ina Meer Sommer/stock.adobe.com 10/11, 121; Ina Meer Sommer/Shutterstock.com 165; imageBROKER/stock.adobe.com 152; Janina Johannsen 15, 16; Janna Menke 20; JEFs-FotoGalerie/stock.adobe.com 6; jimmonkphotography/Shutterstock.com 38; Karl-Heinz-Liebisch/Pixelio 106; laranik/Shutterstock.com 44, 44/45, 176; laranik/stock.adobe.com 47, 102, 155, 182/183; Lienhard Schulz/Strand Bürgerablage Havel Berlin 1/CC BY-SA 3.0/via Wikimedia Commons/bearb 105; lumen-digital/stock.adobe.com 32/33; martinettlinger/stock.adobe.com 85; Matthias Heib/stock.adobe.com 31; Mathias Klingner/Pixelio 58; Mo Photography Berlin/Shutterstock.com 34, 91, 136; Nelly Möller 75, 76, 129, 130/131; Pavla Nejezchleba 141; Plam Petrov/Shutterstock.com 41; Rund um die Welt/stock.adobe.com 125; Sahara Frost/Stock.adobe.con 174; scharfsinn86/stock.adobe.com 60; Sina Ettmer/stock.adobe.com 42; sinuswelle/stock.adobe.com 13; spuno/stock.adobe.com 39, 60/61, 63; Svet foto/Shutterstock.com 5; thauwald-pictures/stock.adobe.com 53; Ulf/stock.adobe.com 171; wkbilder/stock.adobe.com 159; ©visitberlin, Foto: Arthur F. Selbach 138; ©visitberlin, Foto: Philip Koschel 184; Yanjie/stock.adobe.com 186; Zarathustra/stock.adobe.com 100